戦後日本のインテリアデザインはいかに生まれどう発展したのか？

インテリアデザインの半世紀

ICSカレッジオブアーツ校友会 編

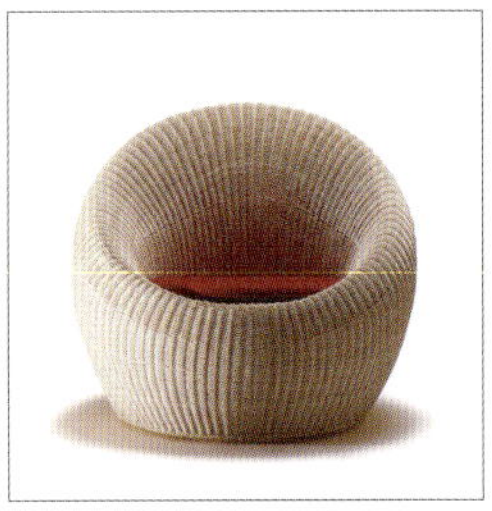
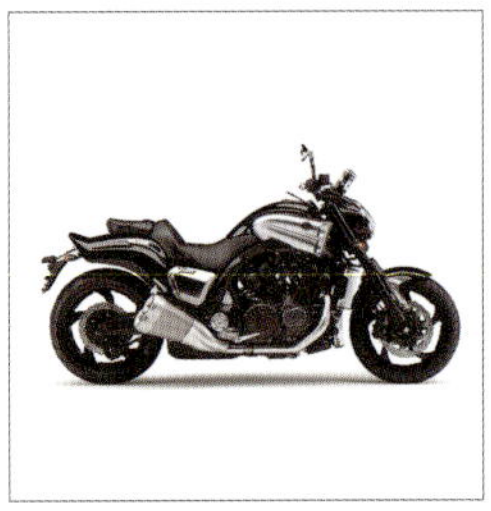
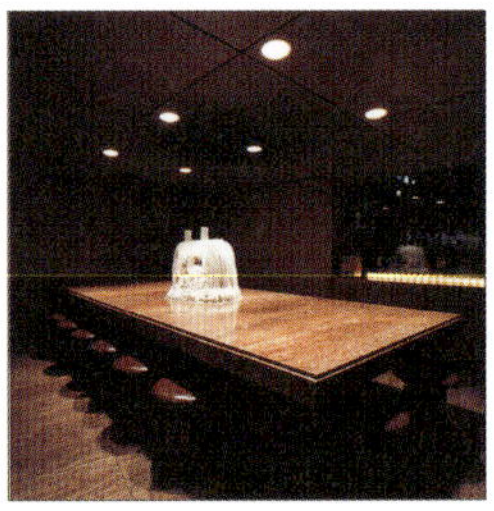
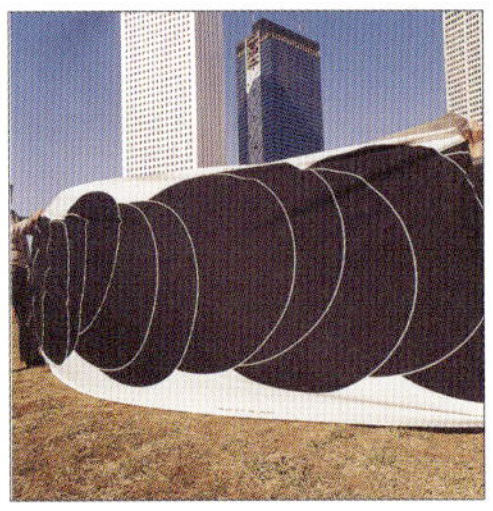
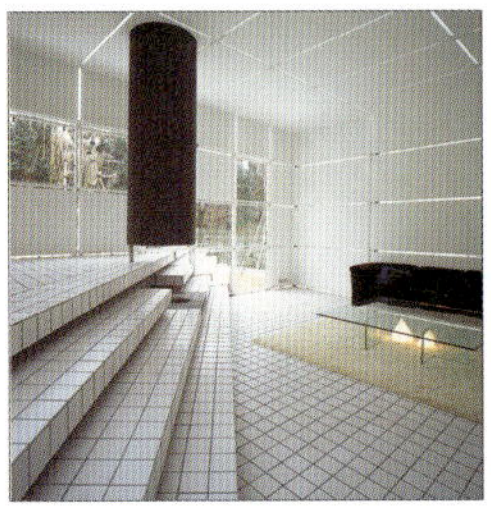
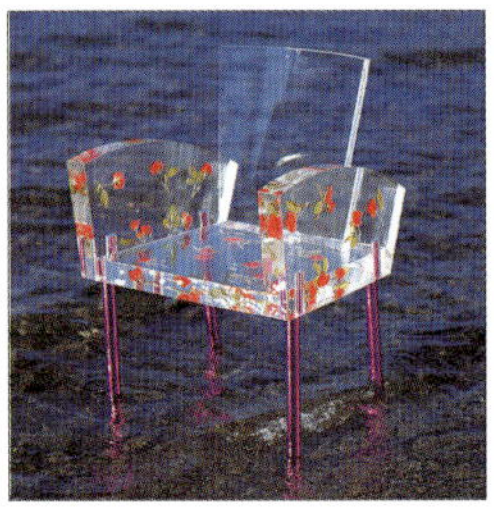
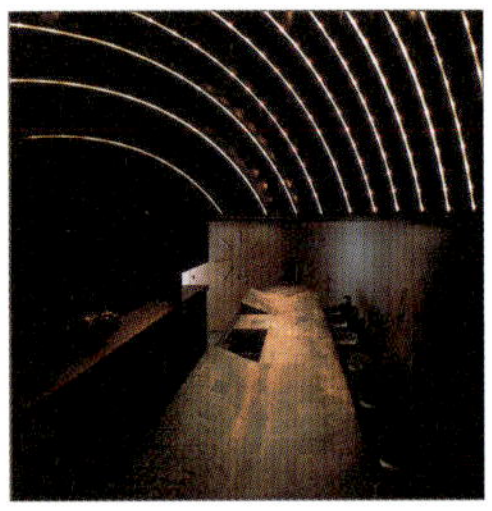
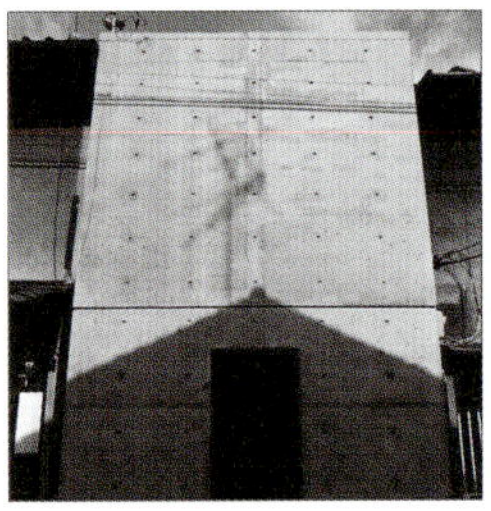
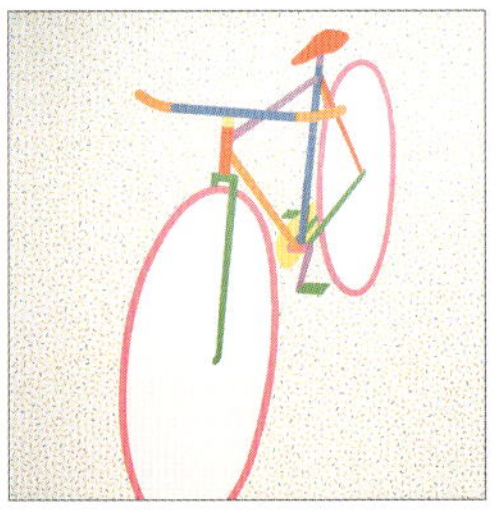
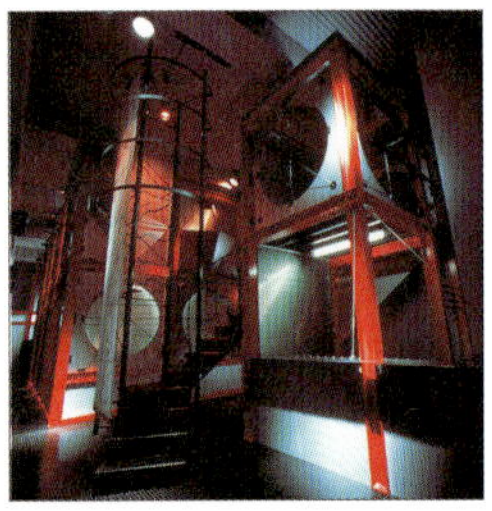
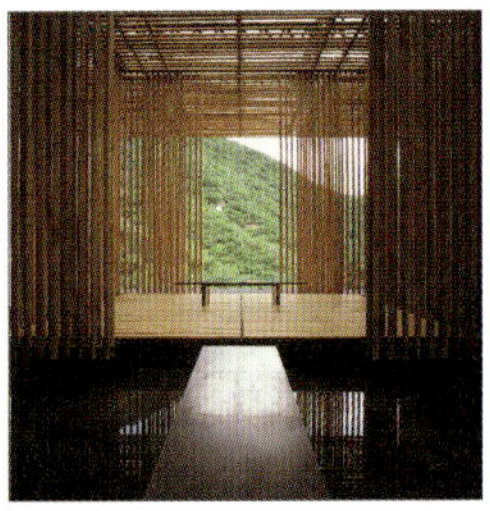
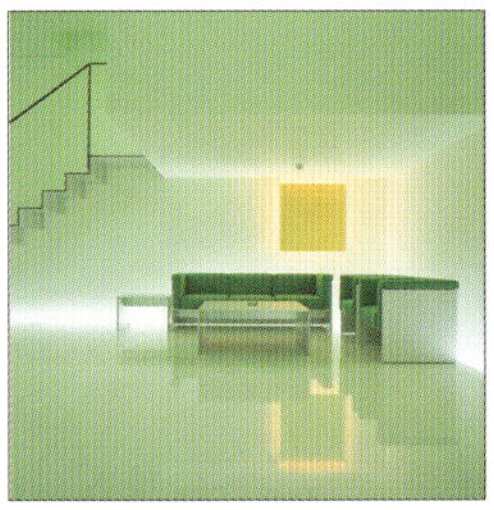
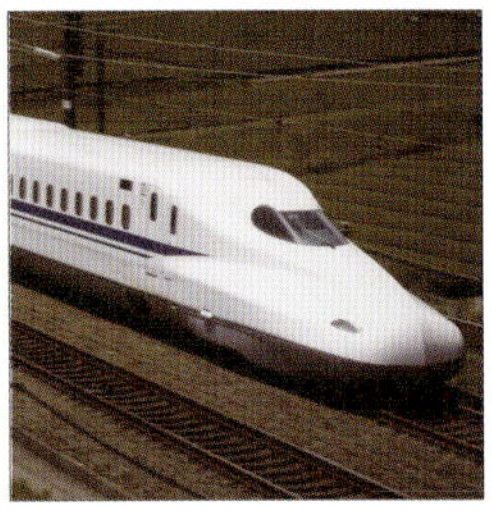
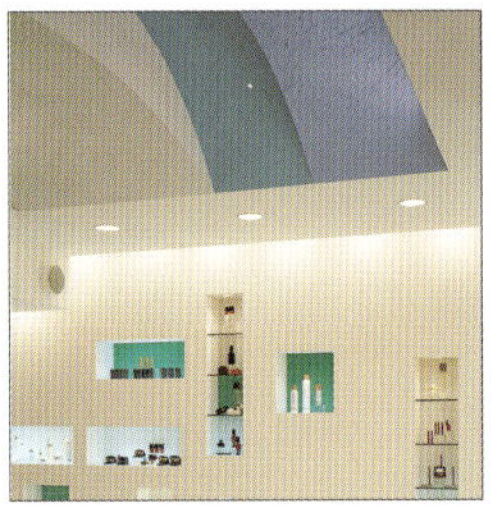
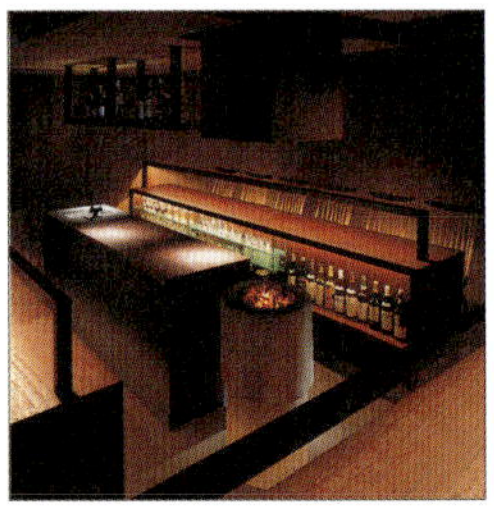
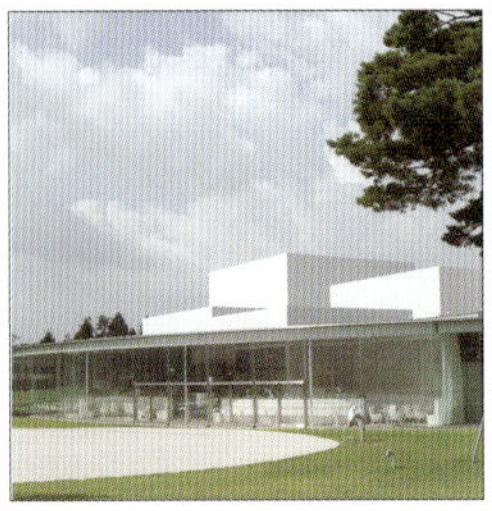
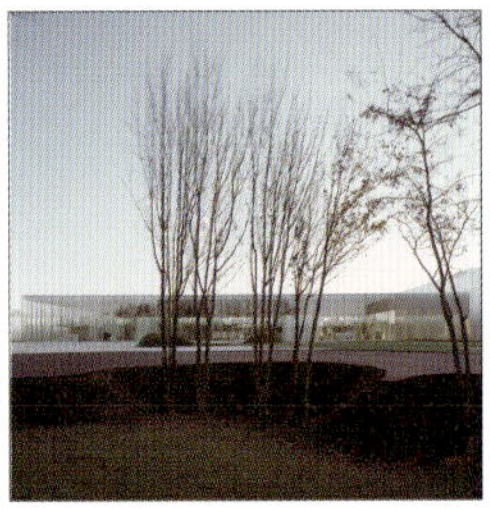
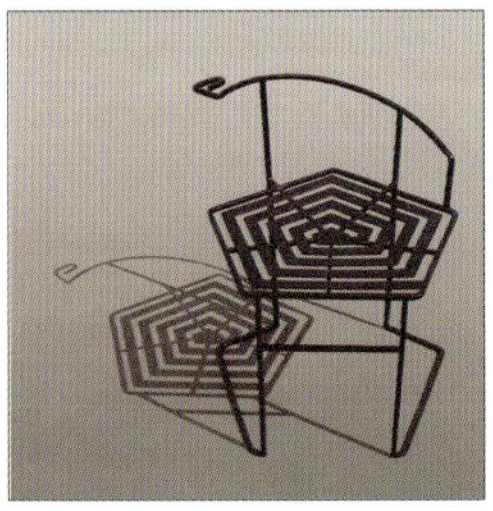
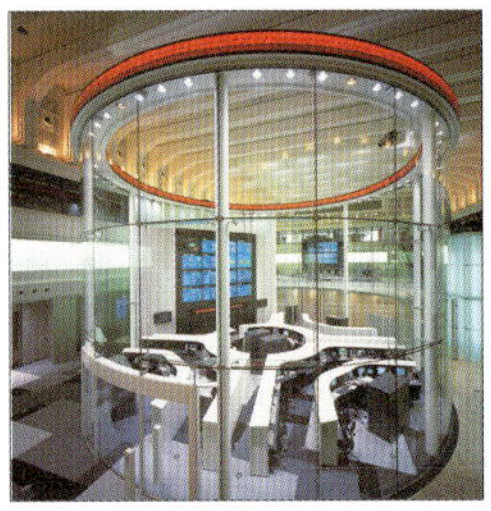
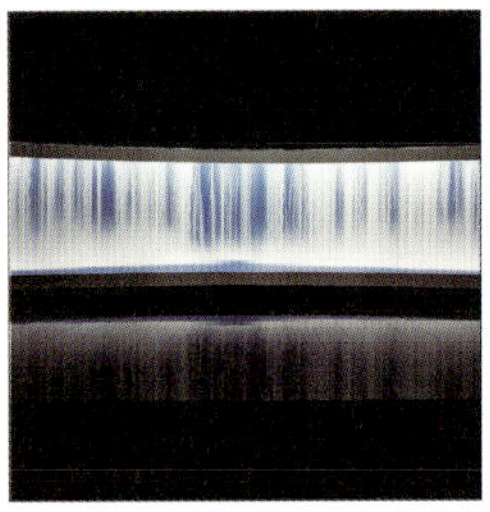
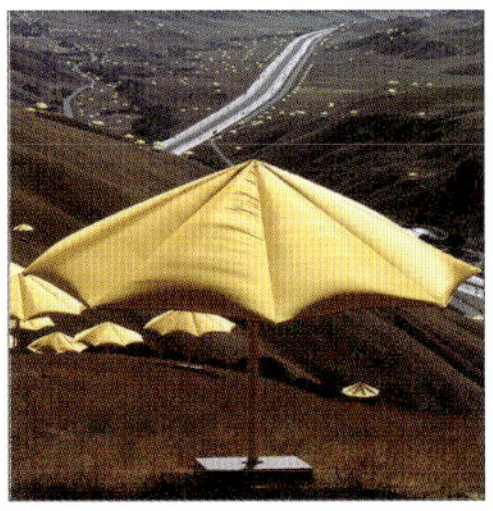

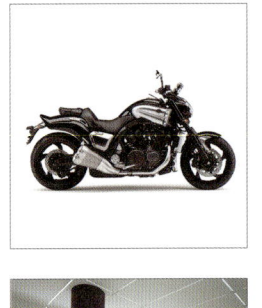

contents

prologue

- 006 　1960年に始まる論争が戦後日本のインテリア・デザインの区切りだった ●柏木 博

第1章　インテリアの発生と成長 ——1960〜70年代を中心に

- 010 　日本のインテリア・デザイン―剣持勇と渡辺力― ●勝見 勝
- 014 　戦後・デザインの光明 ●豊口克平
- 016 　インダストリアルデザイナーのインテリアデザイン観 ●榮久庵憲司
- 020 　個人と社会をつなぐインテリアデザイン ●内田 繁
- 024 　空間に輝く光彩を求めて ― 時の流れとタペストリー ― ●山岸桓史
- 030 　時空を、超えるのは ●葉 祥栄

第2章　拡大するインテリアデザインの舞台 ——1980年代を中心に

- 036 　逆喩のレトリック ●竹山 実
- 042 　品性を失わせるスピードという魔物 ●倉俣史朗
- 048 　インテリアデザインの発見 ●飯島直樹
- 050 　芸術家の同志 美を死の直前まで追求 ― 熱い心意気、すべてが刺激的 ― ●安藤忠雄
- 054 　インテリア・デザイナーとのコラボレーション ●田中一光
- 058 　初期の仕事 ― バー・ラジオ ●杉本貴志
- 066 　自分のオリジナルを創り出す ●石井幹子
- 068 　「人間のためのデザイン」という普遍的テーマ ●日野永一
- 072 　ひとと技術をつなぐデザイン ●川上元美
- 074 　大学のデザイン教育を憂慮する ●伊東豊雄

第3章　文化領域としてのインテリアデザイン ——1990年代以降

- 078 　「私」という建築手法を拡張すること ●隈 研吾
- 082 　美を感ずる心 ●日比野克彦
- 086 　これまでの50年、これからの50年 ●原 兆英
- 092 　車両のデザイン ●松本哲夫
- 095 　人間の五感に寄り添う創造を ●北山孝雄
- 098 　アートを「共有」し、「つながり」を生む ●妹島和世
- 102 　神聖なる空間の出現を求めて ●千住 博
- 109 　本物と本物風の素材 ●坂本和正
- 112 　ライトの建築の魅力 ●樋口 清
- 118 　インテリアは人生の一部 ●川上玲子
- 124 　インテリアデザインの自立性時代 ●黒川雅之
- 132 　拡大し続ける空間の実態 ●近藤康夫

第4章　生活文化とデザイン教育の追求 ——ICSの意義と展望

- 136 　芸術の未来としてのデザイン ― IADが目指したもの ●伊東順二
- 139 　日本空間から受けたインスピレーション ●クリスト・アンド・ジャンヌ＝クロード
- 144 　デザインマネジメント、デザイン教育のあり方について ●アルベルト・アレッシィ
- 146 　人を残して死ぬ者は上 ●河原敏文
- 148 　からっぽの建築を満たすこと ●マニュエル・タルディッツ
- 150 　多くの人々に支えられたICSの先見性 ●島崎 信
- 152 　『柿の木坂新校舎』― 創立50年の中間点に立ち会って ●藤木隆男
- 154 　インテリアは空気。それは、人の暮らしの結果。 ●山本寿美子
- 156 　インテリアデザインの半世紀 ●柄澤立子

奥 付

- 160 　原稿出典元一覧・参考資料

※左頁の写真クレジットは本文中をご覧ください。

インテリア
デザインの
半世紀

prologue

1960年に始まる論争が戦後日本のインテリア・デザインの区切りだった

柏木 博 Kashiwagi Hiroshi

戦後日本のインテリア・デザインのひとつの結節点となったのは、1960年のように思える。この年に、日比谷の三井ビルに「エールフランス東京事務所」が完成した。設計・監修は、シャルロット・ペリアンと坂倉順三だった。ペリアンは、すでに1940年、坂倉の協力によって、商工省から招かれ、日本でのデザイン指導を行った体験があった。エールフランスのこの事務所は、ステンレスサッシュに大きな硝子を入れた窓で、通りから内部が見えるようにしてあり、外壁は黒御影石、天井はアルミ板、水平と垂直のスタティックな構成になっていた。また、御影石のベンチやイームズの椅子などを配していた。このインテリアは、話題となった。

他方では、同じ年に剣持勇がホテル・ニュージャパンのインテリアを手がけている。剣持がデザインしたバスケット・チェア、イサム・ノグチの照明器具、縁台のようなベンチ、洋間に障子などを使い、いわゆる「ジャパニズ・モダン」(ジャポニカ・スタイル)のインテリアであった。

この1960年以前にも、たとえば、1955年に増沢洵と松村勝男による新宿の喫茶店「風月堂」のデ・ステイルを思わせるようなインテリア・デザインが注目されている。したがって、1960年以前から戦後日本のインテリア・デザインに見るべきものはあるのだが、1960年がひとつの区切りとなるのは、ペリアンと剣持のインテリアが注目されるとともに、いわゆる「インテリア・デザイン」論争が起こったからである。

『インテリア・デザイン』誌が創刊されたのも期せずして、1960年のことであった。その創刊号に、A・レイモンドの「インテリアデザインについての私見」というエッセイが掲載された。レイモンドは、「現代日本建築のインテリアは他のどんな国のそれとも全くちがった独自のものでなければなりません」と述べるとともに、「室内装飾家の本来の領域は家具つきでない、建てっぱなしのアパートでしかありません」と「室内装飾家」の領分を述べた。この発言がきっかけになって、インテリア・デザイナーの職能(職域)をめぐっての議論が、剣持、清家清、竹山謙三郎らによって同誌で展開されることになった。レイモンドは、室内をふくめて設計は建築家の領分だと考えていた。それに対して剣持は、インテリア・デザイナーは、「内部を専門に担当する建築家」であると、創刊2号で発言している。

さらに剣持は、同誌4号でペリアンのエールフランス東京事務所のインテリア・デザインにふれ「これはペリアンにとっても快心の作ではないかと思う」と述べ、インテリア・デザイナーの職

profile

柏木 博(かしわぎ ひろし)

1946年兵庫県生まれ。
70年武蔵野美術大学造形学部卒業後、編集者などを経て、83年東京造形大学助教授。デザイン評論家として活動。94年勝見勝賞受賞。文化庁芸術選奨選考委員となる。96年からは武蔵野美術大学教授。2000年文化庁メディア芸術祭審査委員。
主な著書に『「しきり」の文化論』『モダンデザイン批判』『家具のモダンデザイン』『20世紀はどのようにデザインされたか』『色彩のヒント』『日用品の文化誌』『ファッションの20世紀』『20世紀をつくった日用品』『芸術の複製技術時代』『家事の政治学』『ユートピアの夢』『デザインの20世紀』『ミクロユートピアの家族』『カプセル化時代のデザイン』他多数。

域論争をもちだし、ペリアンの作品をみれば、「仕事さえしっかりしていれば、その作家が建築家だってデザイナーだって問題ではないのだ」と結論している。つまり、1960年、インテリア・デザイナーの仕事が何であるのかが論争になったのである。

しかし、桑沢デザイン研究所やICSカレッジオブアーツなどの教育機関によってしだいにインテリア・デザイナーが輩出されていく。たとえば、桑沢デザイン研究所で学んだ倉俣史朗や内田繁らがインテリア・デザイナーとして活動をはじめる1970年代、そのデザインはそれまでの日本のインテリア・デザインにくらべて圧倒的に抽象性の高いものとなっていった。彼らは、建築家や現代美術家と協働しながらデザインを実現していく。こうした傾向は、その後に続くデザイナーに大きな影響を与えることになる。つまり、彼らの活動によって、インテリア・デザインは、その表現がより自在なものとなっていくことになる。また、少なくとも日本では、インテリア・デザイナーという職能が何なのかが問われることはほとんどなくなっていった。

1980年代のいわゆるバブル経済が広がった時代、インテリア・デザインは、フィリップ・スタルク、ナイジェル・コーツといった海外デザイナーが手がけることが少なくなかった。日本のデザイナーと海外建築家が協働するというケースも広がった。また、そのデザインの傾向についていえば、1980年代から90年代には、装飾的かつポップなデザインが、ポストモダンと呼ばれ、目立つものとなった。それは、イタリアのエットレ・ソットサスやアレッサンドロ・メンディーニたちの影響を少なからず受けていた。しかし、ポストモダンと呼ばれるデザインが退潮した2000年代以降現在にいたるインテリア・デザインは、たちまち落ち着いたモダンなものや、ふたたび日本的なものが定着しているように見える。

ところで、インテリア・デザイナーが戦後手がけてきた空間は、住まいであるよりも、ほとんどが商業あるいはビジネス空間であることに特徴がある。したがって、その作品は、改装などによって、残念ながら消え去ってきたということがある。そして、現在もインテリア・デザイナーの職域がはっきりしたというわけでもない。建築家も相変わらず室内や家具を手がけている。とはいえ、インテリア・デザインというデザイン領域は、しっかりと定着している。それが、戦後日本のインテリア・デザインの現状であるといえるかもしれない。

Photo
「エールフランス東京営業所」(1959〜60年)
内装設計：シャルロット・ペリアン
建築オペレーション：坂倉準三
1/30模型製作(2011年)
写真提供：神奈川県立近代美術館

第 1 章

インテリアの発生と成長
―― 1960〜70年代を中心に

1956年の経済白書に「もはや戦後ではない」と謳われ、50年代までの戦後復興から、本格的な高度成長時代に突入したのが60年代だった。すでに戦後、怒濤のごとく流入していた米国文化の影響は著しく、とくに50年代後半から普及したテレビを通して、たとえば「パパは何でも知っている」といったテレビドラマに見られる、アメリカの豊かな生活シーンがあこがれの的となった。ファッションにおけるアイビーの流行も同根で、米国の生活様式、大衆文化は、デザインにも大きな影響を与えた。60年代半ばには、50年代後半の、白黒テレビ・洗濯機・冷蔵庫に代わって、カラーテレビ・クーラー・自動車が新・三種の神器として喧伝された。一方で、二度の安保闘争を経験した20年でもあり、アメリカ流の豊かな生活を夢見る志向と同時に、敗戦国として底通するコンプレックス、反米意識など、この時代のアメリカは、屈折した近親憎悪の対象でもあった。また、新幹線開業、東京オリンピック、大阪万博といった、巨大事業・イベントを契機にしたデザイン文化の発展も見逃せない。

倉俣史朗「カッサドール」（1967年／壁画：高松次郎「影」）／撮影：藤塚光政

日本のインテリア・デザイン
―剣持勇と渡辺力―

勝見 勝
Katsumi Masaru

インテリア・デザインの分野そのものは、モリス以降のモダン・ムーヴメントの出発点となったにもかかわらず、いわゆるインテリア・デザイナーの登場は、もっともおくれている。日本でも、事情はほぼ同じであった。

その理由としては、いろんなファクターが考えられよう。まず、先輩格の建築家の存在が、彼らの登場をはばんでいた。建築物のエキステリアも、インテリアも、一貫して建築デザイナーの管轄下にあるべきであるというのが、これまでの通念であった。

日本では、ごく最近まで建築家が家具のデザインにも、手を出していた。インテリア・デザイナーの協力を求めるようになったのは、ここ数年来の現象である。また、インテリア・デコレーターの存在も、見のがしてはならない。名もない請負業者と結びついて、適当に室内装飾をこころみたり、古いビルディングの内部の模様がえに活躍したのは、これらのインテリア・デコレーターであった。

さらに、インテリア・スペースというものは、いわゆるクライアントの生身の人間としての、こまごまとした要求に、直面しなければならないという宿命をになっている。ありとあらゆる、一見、矛盾した要求が、インテリア・デザインに荷重を加える。その点、エキステリアのほうは、クライアントの生身に、直接の影響をおよぼすことが少ない。それだけに、かなり大胆な試みも、とりいれることができる。一度、出来上がってしまえば、少しぐらいクライアントの側に、苦情や不満があっても、そのまますんでしまう。インテリア・デザインの場合には、そうはいかない。これも、インテリア・デザイナーの登場を、困難にさせてきたひとつの条件であろう。その点、インテリア・デザイナーの登場を、可能にした最大のファクターとして、家具の量産化と、電気冷蔵庫、電気洗濯機、ラジオ、テレビ、扇風機など、いわゆる家電化された機械の発達とを、あげねばなるまい。別の言葉でいうと、工業デザインの進歩と普及という基盤の上に、はじめてインテリア・デザイナーは、独立することができた。

もちろん、インテリア・デザイナーの先駆として、マルセル・ブロイヤーや、シャルロット・ペリアンの存在を、見のがすことはできない。しかし、ブロイヤーは建築家グロピウスの、ペリアンは建築家ル・コルビュジエの、弟子であり、助手であり、協力者であり、要するに、建築デザインの延長にほかならなかった。ペリアンがほんとうにインテリア・デザイナーとして、本格的な活動を示しはじめたのは、むしろ戦後になってからである。また、ブロイヤーのほうは、いまではおしもおされもせぬ、一流の建築デザイナーである。

この点、《イームズ・チェア》で、国際的に

---

profile

勝見 勝（かつみ まさる）
1909年東京に生まれる。
東京帝国大学卒業。日本デザイン学会設立委員等を務め、59年「グラフィックデザイン」を創刊。64年東京造形大教授に就任、東京五輪のデザイン専門委員会委員長等を務めた。

剣持 勇（けんもち いさむ）
1912年東京に生まれる。
32年東京高等工芸学校卒業。57年株式会社剣持勇デザイン研究所を設立。多摩美術大学図案科教授、共立女子大学文芸学部講師、日本デザインコミッティ会員、新制作協会会員、デザイン学会会員等を歴任。

渡辺 力（わたなべ りき）
1911年東京に生まれる。
36年東京高等工芸学校卒。東京高等工芸学校助教授。Qデザイナーズ主宰。日本デザインコミッティ・メンバー（JDC）、財団法人クラフトセンタージャパン・メンバー等を歴任。

第1章 インテリアの発生と成長

名を知られたチャールス・イームズあたりから、はじめてインテリア・デザイナーが、登場したといえるのであるまいか。もちろん、彼をおし出したジョージ・ネルソンの存在も、見のがすことはできない。しかし、ネルソンは、どちらかというと建築家の延長という面が濃厚で、工業デザイン時代に対応した、インテリア・デザイナーとはよべない。むしろ、フロレンス・ノルなどと並んで、インテリア・デザイン・ディレクターとでも、よんだほうが適切なのではあるまいか。

ところで、同じような条件は、剣持勇や渡辺力の登場にも、加わっていたようである。それは、彼らが最初、JIDAのメンバーに加わり、戦後の日本の工業デザイン運動にフォローしながら、やがてそこから抜け出して、インテリア・デザイナーとしての方向を、確立したというプロセスにも、裏づけることができるからである。ただ、日本の後進性は、ブロイヤーからイームズまでの段階を、わずかの期間に、通過してしまわねばならないという難問を、彼らにつきつけた。そして、事実、剣持も渡辺も、イームズの立っている地点までは、まだ、たどり着いてはいないのである。

もっとも、これを彼らの非力や、不勉強だけのせいにしては、いささか可哀そうであろう。別の個所でも、たびたび筆者が指摘しているように、われわれ20世紀の日本人は、文化様式上の《二重構造主義》に直面し、たえずそれと戦わねばならない宿命をになってい

勝見 勝　Katsumi Masaru

Photo
（左頁）剣持勇「ラタンチェア」（1961年）
（上・下）剣持勇「香川県庁（東館）ロビー」（1958年）
　　　　壁画：猪熊弦一郎

1960（昭和35）年
● 岸首相（当時）、日米新安保条約に調印
　安保条約反対闘争が激化
● 国民所得倍増計画策定
● チリ地震津波

1961（昭和36）年
● アメリカ、ケネディ大統領就任
● 東ドイツ（当時）が東西ベルリンの境界に、
　「ベルリンの壁」を構築

1962（昭和37）年
● キューバ危機

る。ちょっとあげてみても、洋画と日本画、洋服と和服、洋食と和食、洋家具と和家具というふうに、われわれの衣食住を通じて、この二重構造主義の断層が、ふかい亀裂をみせている。それどころか、この亀裂は、われわれの精神生活の深層にまで、およんでいる疑いがある。

欧米のモダン・ムーヴメントは、ギリシア以来の伝統との対決であり、それは同質の文化様式に対する、同質の文化様式の対決にすぎなかった。そうでなければ、国際様式や機能主義に代表されるような、平均人間といったものを仮定した、きわめて抽象的で、楽天的な解決にすぎなかった。

ところが、われわれは、一方では、日本の伝統と対決しながら、他方では、欧米のモダン・ムーヴメントにフォローして、西洋の異質な伝統とも、対決しなければならないという、二重の宿命をになっている。おそらく、世界の歴史はじまって以来、これほど多種多様な異質のデザインが、肩を接して存在した社会は、ほかに見いだせないかもしれない。それだけに、デザイナーにとっては、面白い課題にとみ、生き甲斐のある時代だといえるかもしれない。世界のひとびとが、日本のデザインに注目しているのも、一部は、そういう面からきていよう。しかし、そのような条件は、あらゆる瞬間に、矛盾や混乱となって、われわれに襲いかかり、よほどタフな楽天家でないかぎり、ときには絶望におとしいれるのである。

なかでも、インテリア・デザインの分野は、生活空間という本来の性格から、欧米の《腰かける》様式と、日本の《坐る》様式とが、もっとも鋭く対立し、もっとも多くの矛盾をはらんでいる分野である。そして、そういう対立と矛盾からくる様式的混乱を、頭からかぶっているのが、日本のインテリア・デザイナーであり、剣持や渡辺なのである。

ときどき、筆者はこんなことを夢想する。もしも、蒸気機関の発明が、日本でおこなわれ、われわれが、20世紀の近代化の先頭に立っていたら、どんなことになっていただろうか。われわれの先祖が、駕籠や渡し船のように、交通機関にも、《坐る》という様式を延長させたように、汽車や電車や自動車や航空機にも、

《坐る》インテリア・デザインを、発達させたのではあるまいか。そうすれば、インテリア・デザインの問題も、よほど違った様相をそなえたのではあるまいか。

それはとにかく、剣持や渡辺は、たたみやじゅうたんの《坐る》インテリアと、椅子やテーブルの《腰かける》インテリアとの間で、悩みぬいてきたにちがいない。剣持勇の《坐り椅子》や、渡辺力の《ひも椅子》は、そういう角度からみて、筆者にはもっとも興味ある作品であった。しかし、どちらかというと、剣持の発想は、欧米の新しいデザインを、目標において生まれている場合が多い。《坐り椅子》にしても、日本の現実の生活空間の要求から、みちびき出されたというより、欧米、とくにアメリカ西部の生活様式を、どこか意識しながら、生み出されたという感じが強い。それに反して、渡辺の《ひも椅子》や《藤ストゥール》は、日本の和洋折衷の生活様式の要求から、スタートしているように思える。彼の《ひも椅子》は、すがたの美しさのわりに、使い勝手がよくない点も多いが、少なくとも、シートやバックに、座布団が、そのままクッションとして使えるというような、日本の伝統に対する、連続性の企図が蔵されている。《藤のストゥール》なども、たたみや縁側との適合性が、計算されている。それだけに、煮えきらないといえば、煮えきらない態度かもしれない。しかし、日本の二重構造主義のなかで、生身の人間の生の要求に誠実であろうとすれば、そんなに勇ましくわりきれるものではあるまい。

渡辺は、なかなかの理論家である。近ごろは、あまり評論めいた筆をとらないようだが、なかなか鋭い批評眼の持ち主でもある。しかし、それを裏がえすと、彼はデザイナーとしては、あふれるような才能の持ち主ではないということにもなる。それに反して、剣持は、デザイナーとしての感覚という点で、はるかに渡辺をしのいでいる。それだけに、欧米のデザイナー作品から、いち早く影響をうけることも少なくない。しかし、それを器用にこなして、自分のものにしてしまうだけの腕力も、十分にそなえている。

渡辺のほうは、その点、ずっと無器用である。そのかわり、和船や織り機の木組にみられるような、美しいすがたをつくり出す、独特の持ち味をそなえている。去年あたりつくった木のモビールなども、いかにも渡辺らしいものであった。しかし、さて、それらを量産化するとなると、そこにかなりの困難性がともなう。

前にもちょっとふれたように、イームズのインテリア・デザインが、20世紀の工学技術の地盤に、しっかり根をおろしているのに反して、渡辺の弱みは、まだ近代工学を、完全に消化しきっていないところにあるのではなかろうか。そして、そういう角度からみると、剣持のほうが、いろんな夾雑物をまじえながらも、近代工学に向かって、前むきの姿勢をとっているように思われる。

しかし、これからの日本のインテリア・デザインは、この2人の存在をぬきにしては、おそらく考えることができない。やや大味で、派手で、バロッコ的なところのある剣持の仕事と、小味で、禁欲的で、しかもグレースなところのある渡辺の仕事とを、対比して考えると、日本のインテリア・デザインも、これから収穫の季節がおとずれてきそうな予感がする。彼らに本格的な仕事の場が与えられるようになって、まだ数年しかならないのだから、なにもあわてることはない。

「インテリア」（1963年10月号）

勝見 勝　Katsumi Masaru

Photo
剣持勇
（左頁）「ラタンチェア」（1961年）
（左）「柏戸イス」｜（右）「座卓」

戦後・デザインの光明

豊口克平

profile

豊口克平（とよぐちかっぺい）
1905年秋田生まれ。
東京高等工芸（現千葉大学工業意匠学科）を卒業後、デザイン活動に入る。研究団体"形而工房"を結成、日本室内設計家協会の設立に努力。商工省工芸指導所を経て、武蔵野美術大学名誉教授、日本インテリアデザイナー協会、日本インダストリアルデザイナー協会の各名誉理事、（財）工芸財団理事長を歴任する。勲三等瑞宝章、貿易振興総理大臣功労賞、国井喜太郎産業功労賞等受賞多数。日本のモダンデザインのパイオニアの1人として高く評価されている。代表的作品には「日航DC8」「モスクワ日本産業見本市」「シアトル及びモントリオール万国博日本館」等。豊口克平とスタッフによる椅子の支持面の機能実験は、のちに千葉大学小原二郎研究室により引き継がれ、国際的レベルの研究成果を上げ、JIS化されて家具デザインの基礎データとなっている。

　日本の近代デザインへの移行にはいくつかの節目がある。明治政府の樹立とともに西欧文化が導入され、社会・政治・行政・教育・軍制・経済などの新しいシステムが確立されるに及んで当然公的建築、空間の洋式模倣が始まり、やがてその風潮は特殊階層の住居に拡大されていったが、庶民の生活には住は勿論、衣、食の上でも簡単には一般化されるに至らなかった。それは経済というよりも、長い間の根強い民族的生活習慣によるところが大きかったといえよう。黎明期ともいえる時代であろう。

　さらに大正時代に入ったころ、国民生活の改善運動が起り、大正12年の関東大震災で東京の再建が、これに拍車をかけ、急速に市街の建築、服装、食事、その他国民生活に洋風の意識、思想が浸透、拡大してゆく、昭和に入って建築は主としてドイツの合理・機能主義運動が大きな影響を与えて、新興建築勃興のきざしが見え、インテリア、家具の研究組織〈型而工房〉などもバウハウスの影響を受けた日本的インテリア、家具による新生活運動の提唱といえるであろう。しかし昭和16年大東亜戦争突入以来、これらの運動も終息、簡素の美などという空疎な美辞の中で家具のデザイン、生産が余儀なくされ、遂に昭和20年の夏敗戦を迎え、国民は無一物の生活に入っていったのである。戦争中私達の商工省工芸指導所のデザイン、木工関係の技術者は軍需品、航空機の木製化生産研究に動員されたし、一般の木工場のみならず、繊維工場までが転換をせまられたのであるが、ジュラルミン、その他の金属に代る代替材の研究、生産設備の立遅れは如何ともなし難く、その完成を見ず、終戦を迎える結果となったのである。

　しかしその結果我々の得た新しい木工技術、機能への目は、成型合板、積層材、接着剤による新技術を生み、新しいデザインの方向を知り、やがてニュースタイルのインテリア・家具への足がかりを得ることにつながったことも事実である。

　終戦後の焼野原、無一物どころか空腹をかかえての虚脱状態の中で、突如戦勝連合軍最高司令部（GHQ）から連合軍家族住宅2万戸の建設準備命令が発せられたのが、昭和21年3月、同時にこれに充当する家具の生産命令が4月発令、月末には米第8軍クオターマスターから特別指令所が発せられ、調達数量、その他の具体的細目が明らかにされ、商工省はこれを受けて、直ちにGHQデザインブランチと緊密な連絡をとり、先づ設計を工芸指導所に通達、急速に取りかかることになるが、久我山の岩崎通信に仮庁舎を借りて、業務を進めていた東京本所の所員は少数にすぎず設計部長の私の下でこの緊急重大な仕事を担当する部員は金子徳次郎、知久篤ほか数名にすぎず、急據臨時雇傭の形で秋岡芳夫、種村眞吉、竹沢抗太の諸君に協力を願い、試作は東北支所にあった剣持勇、大泉政雄、相沢正君が担当することになった。

　設計品種は30種類であるが（生産数量は100万個）設計完了を1ヵ月に限られてはどうにもならず、昼夜兼行で3ヵ月で漸く、その責を果したとはいうものの、彼国の生活事情は不詳であり、現実的な使用上の機能、要求される構造、仕上の見通しの把握は難かしく、特に吋（インチ）で示さなければならない図面作製は全く不慣れのため難渋を極めた。先方の設計担当官は建築出身のクルーゼ少佐で、日本の窮状をよく察知してくれて、参考資料として北欧家具の写真を示し、豪華なものではなく簡素、軽快な、そして量産に適合するものを要求し、最小限の用途に耐え、ぜい肉のない全体の統一性を要求しているように見られたのが何より幸であった。しかし、最初に提出した図面は意に添わず（というのは吾々は、これまで学び研究してきたアイデアをこの際実現したい欲望にかられ）その検認は得られず、指示にしたがって修正、アメリカのコンテンポラリー家具でも極く平易な、ある意味では味気ない堅固な材料・構造を主とした北欧風のユニークさなど、どこにも見当らないものに決着したのにはいささか落胆したものである。しかし若いクルーゼ少佐が生産の実情を察しての処置であったとみれば、本当のところ感謝すべきであろう。生活や体格が異なるとはいいながら、部材の厚さ・寸法の相違の大きさに驚かされたし勉強になったことは確かである。

設計品種

1 DRAWER CHEST
2 TABLE, NIGHT
3 BED, SINGLE&DOUBLE
4 TABLE DRESSING
5 STOOL DRESSING
6 TABLE, TEA&COFFEE
7 CASE, BOOK
8 CHAIR, LIVING-R W/arm
9 DAVENPORT（長椅子）
10 TABLE DINING
11 CHAIR, DINING-R W/arm
12 CHAIR, DINING-R W/Oarm
13 TABLE KITCHEN
14 STOOL, KITCHEN
15 TABLE, TELEPHONE
16 SIDE BOARD
17 STOOL, TELEPHONE
18 DESK, WRITING
19 CHAIR, WRITING
20 RACK, MAGAZINE
21 BOARD, IRONING
22 ASH TRAY, STAND TYPE
23 TABLE, BRIDGE
24 CHAIR, BRIDGE
25 BABY CRIBS（幼児ベット）
26 PEN BABY PLAY（幼児遊戯柵）
27 BASKET WASTEPAPER
28 LAMP, DESK BEDSIDE&FLOOR
29 HALL, TREE（脚付床置帽子架）
30 HAMPER, CLOTHS（汚れもの入）

　以上について詳細な仕様書が作製され、第一回の設計図説明会を行ったのであるが、集まった木工場の大部分は戦時中、弾薬箱や軍需木製品、あるいは航空機の木製化などに動員されたものが多く、家具の図面を読めるのは戦前家具専業で設計部をもっていた工場位のもので、その数は寥々たるもの、中には〈こんな難しいものは作れない〉などと文句をいうものが出てきて、今後の生産が順調に進むかどうか大きな危惧を抱かせた。商工省は5月24日日付で東京都以下26都道府県に生産割当を行い、即刻工場選定を要請・生産完成を指令したが、このような大量生産ははじめてのこと、資材の入手、資金の融資、調達に頭を悩まし、米第8軍も事情を考慮して、生産計画の56％を年内にとその要求をゆるめ、最終的には22年8月までに全納するよう指示した。

　商工省は政府の代行機関である交易営団需給局と生産業者が契約を結ぶことになり、そのためには中央、地方を通じる特殊家具生産協会に、業界団結の気風がみなぎり、またデザインの価値を認識させるチャンスでもあったということ、またその後量産方式による既成家具を市場に送り出すことが可能になったことに思いを致すのである。ただ、終戦直後、政府の保証の下で、大きな仕事に恵まれ、完了後浮かれすぎの経営で苦境にあえいだ業者もすくなくなかったようである。

　余禄として2、3の面白い話をつけ加えるならば、図に示された金子徳次郎君のイラストは如何に米軍当局の検査が厳しかったかを示すもので、これはまた一般外国人の家具に対する態度を示すものともいえるのである。第8軍に打合せや検認を貰いに行くと吾々が持参する弁当の臭いが彼等には閉口らしく〈廊下に出して部屋に入れ〉と拒否されたものである。それは必ず干魚(ひもの)が入っているからである。

　ある時米軍の将校に私と金子がジープに同乗して街を走っているとき、先方からくる馬車とすれ違った。将校は〈私は馬が大好きで、よく国では、乗馬を楽しむんだ〉というと金子は〈私も馬は大すきだ。ただ私は馬の肉を食べる事が好きなんだ〉、将校は大笑いしてポンと金子の背をたたいたなど、悲しい、ひもじい、うれしい思い出話はつきない。

「ICS 20年史」より抜粋

1963（昭和38）年

● **インテリアセンタースクール（現・ICSカレッジオブアーツ）開校**
● アメリカ初のテレビ宇宙中継（ケネディ暗殺を受信）

1964（昭和39）年

● 東海道新幹線開業
● 東京オリンピック開催

1965（昭和40）年

● 日韓基本条約調印
● アメリカ、ベトナム北爆
● 朝永振一郎、ノーベル賞を受賞

1966（昭和41）年

● 大学紛争起こる
● 大学にデザイン科の設置あいつぐ
● 日本デザイン団体協議会（JIDA、JID、JDCA）結成

1967（昭和42）年

● 世界知的所有権機関（WIPO）設立
● 小笠原諸島の返還決まる

1968（昭和43）年

● 川端康成、ノーベル文学賞受賞
● 三億円事件

1969（昭和44）年

● 東大紛争、安田講堂で騒乱
● 日本インテリアデザイン協会（JID）、社団法人となる

インダストリアルデザイナーのインテリアデザイン観

榮久庵憲司 Ekuan Kenji

Photo
（上）成田エクスプレス E259系「N'EX」（2009年）
（右）「キッコーマン しょうゆ卓上びん」（1961年）

profile

榮久庵憲司（えくあん けんじ）

1929年東京生まれ。
55年東京藝術大学美術学部図案科卒業。57年GKインダストリアルデザイン研究所設立、所長となる。73年第8回世界インダストリアルデザイン会議実行委員長。85年国際科学技術博覧会会場施設デザイン専門委員。89年世界デザイン博覧会総合プロデューサー等をつとめる。ヤマハオートバイ、キッコーマン卓上醤油瓶、秋田新幹線"こまち"、成田エクスプレス"N'EX"等をデザイン。
現在GKデザイングループ会長。国際インダストリアルデザイン団体協議会名誉顧問。Design for the World（世界デザイン機構）会長。
主な受賞に79年国際インダストリアルデザイン団体協議会よりコーリン・キング賞受賞。92年藍綬褒章授章、通産省より「デザイン功労者」表彰。2000年勲四等旭日小授章受章。03年ラッキーストライク・デザイナー・アワード受賞。
著書に『幕の内弁当の美学』『道具論』『デザインに人生を賭ける』『袈裟とデザイン』等。

芸大時代に、私の恩師・小池岩太郎教授に次のようなことを教えられた。デザイナーになるには小椅子のデザインをしっかりマスターすることだ。小椅子のデザインが出来るようになればどのようなもののデザインでも出来るようになる、と。

小椅子でも注意深く観察すると、そこには構造から材料、彫刻性、重量感が程よく配分されている。その一つ一つのパーツが吟味されて調和のある作品作りを求めるとしっかりしたデザインになる。小池先生のその言葉は、生涯私のデザインの基礎になった。

大きな部屋の真ん中に一つ小さな椅子が置かれても立派に空間がかたち作られるというものだ。1950年頃、ニューヨークでの家具のデザインコンペで、入選したプラスチック製の小椅子は特異なかたちをしていた。チャールズ・イームズの作品である。そのたった一個の椅子が会場の大きな空間を立派に抑えていたのだ。かの有名なジョージ・ネルソンの椅子も同様、まるで人物の立ち姿のように見える。それ程良い小椅子というものは空間の把握力がある。

照明器具も同様に、光を発し、空間を取りまとめる力は相当なものだ。私の好きな照明器具の一つにイサムノグチの「AKARI（あかり）」がある。竹ひごと和紙でできた軽快な材料で、その照明は部屋のどこに置いても特異な光を放ち、それに従ってかたちも明快で彼の世界に不思議と誘われる。形の違ったいくつかの「AKARI」が配置されると、まさに全室がイサムノグチワールドそのものになってしまう壮観なものだ。日本とも西洋ともどちらにもつかない不思議な空間が出来るのである。イサムノグチは彫刻家であるが、光のデザインにおいても天才的に長けていた。私のインテリアデザイン観はまさにここから始まった。

インテリアは床・壁・天井の構成で出来ているが、それだけでは人は住むことはできない。鴨長明の「方丈記」にも出てくる草庵の方丈の間には、掛け軸や布団などのいわばインテリアグッズが登場してくる。方丈記は日本のインテリアデザインの原典であると私は思っている。日本の住宅論を基本としているのが、この本を有名にした所以であるのだろう。

しかし、現代のような生活をするには方丈記の草庵だけでは成り立たない。椅子だけ、照明だけでも生活にはならないのだ。椅子は空間を把握する力があると前述したが、他にも色々な家具があって空間を構成する。それはちょうど、俳句の言葉の組み合わせの様なものだ。芭蕉の名句"古池や蛙飛び込む水の音"に準えてみよう。「古池や」だけでは生きた空間にはならない。「蛙」「飛び込む」「水の音」の言葉の組み合わせにより、状況や動きが加わり、言葉が生きてくるのだ。

すなわち、その家族構成や生活スタイルに従ってかたちあるもの達の配分がある。風味

Photo
モーターサイクル「VMAX」(2008年)

をつけようと思えば照明も必要だし、家族を表徴するシンボル的なものも必要だ。日本では仏壇等もその代表的なものであろう。そしてその空間で「生活」をするには、他に生活臭が必要なのだ。家具一つ一つに空間をつくる力はあるが、それ一つだけでは生活臭はかもしだせない。いくつかの家具が、その家の好みによって配置されてこそ生活の基本が成立し、そのかたちがそれぞれの生活臭を創る。その時インテリアの基本の床や壁や天井は、はっきりと使命を果たすことになるだろう。これが私のインテリアデザイン観だ。

人の数ほどそこにインテリアデザインがあり、春夏秋冬、季節が変わるごとに変化がある。諸行無常の響きあり。刹那のように美しく生き生きとしていなければならない。人格の向上を図るように「部屋格」の向上を果たせねばならない。インテリアデザインの人間化であり、芸術化でもある。これはインダストリアルデザイナーである私の、精一杯のインテリアデザインに対する発言であり、参加の道でもある。人間の囲む万物の統合でもある。それ故、インテリアデザインのディフィニッションはデザイン界すべてのディフィニッションでもあるのだ。

今世界のデザイン団体組織の統合が計られようとしているが、なかなかまとまらず苦渋の最中にある。グラフィックのICOGRADA、インテリアデザインのIFI、インダストリアルデザインのICSIDのような国際団体協議会がある。IFIがデザインの統合ならば、当然他のデザイン協議会も同調してしかるべきだ。国連のデザインや事業もデザインの定義が出来て初めて行動に出られるというものだ。世界中がデザインに目覚めてよい世界が生まれるというものだ。インテリアデザインの定義の切掛けを掴もうとしてこんなことになってしまった。それにしても小椅子のデザインが始まりだという芸大の小池先生のお言葉は、まさに慧眼そのものだった。学生時代にとって大事なことだ。

1970(昭和45)年
- 日本万国博覧会「EXPO'70」大阪で開催
- 「よど号」ハイジャック事件
- 三島由紀夫自決事件

1971(昭和46)年
- 環境庁発足
- 剣持勇死去

1972(昭和47)年
- 札幌冬季オリンピック開催
- 沖縄返還、日中国交正常化
- 浅間山荘事件

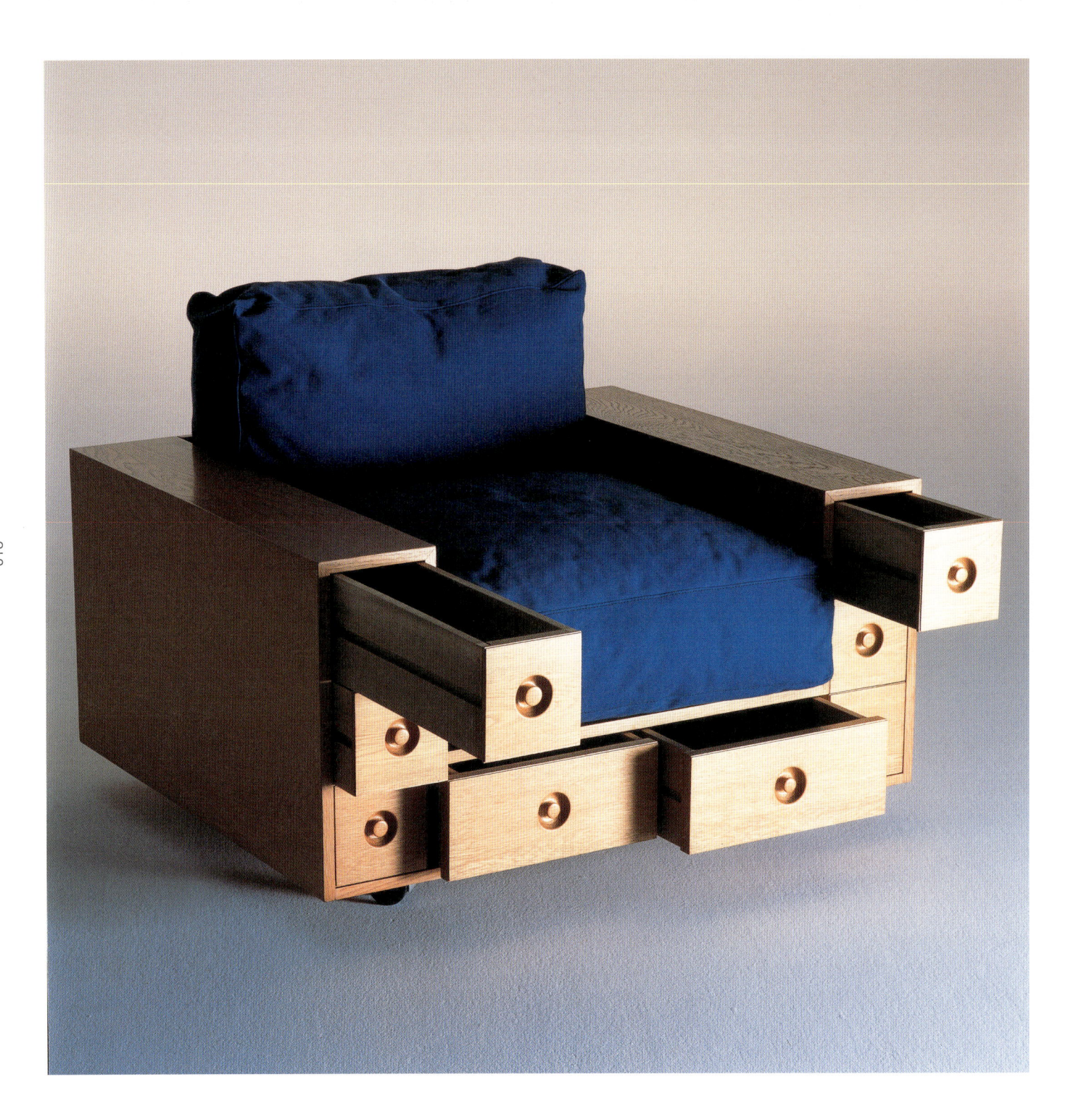

Photo
（上）倉俣史朗「引き出しの家具」(1967年)
（右頁・上）倉俣史朗「Club Judd」(1969年)
（右頁・下）倉俣史朗「エドワーズ本社1階」(1969年)
撮影：藤塚光政

019

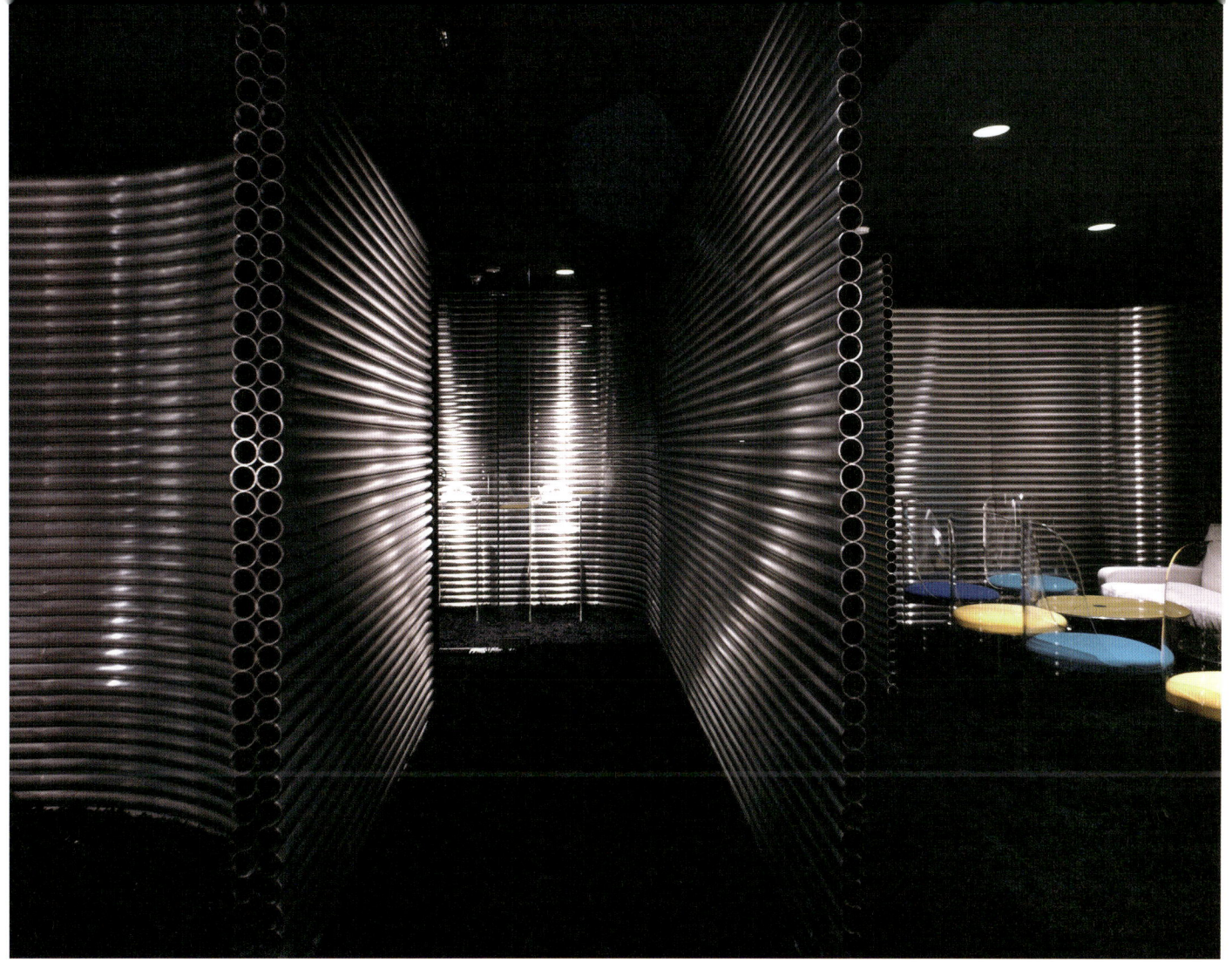

個人と社会をつなぐインテリアデザイン

内田 繁 Uchida Shigeru

「受庵 行庵 想庵」(1993年)／撮影：Nacása & Partners Inc.

profile

内田 繁（うちだ しげる）
1943年横浜生まれ。
日本を代表するデザイナーとして商・住空間のデザインにとどまらず、家具、工業デザインから地域開発に至る幅広い活動を国内外で展開。毎日デザイン賞、芸術選奨文部大臣賞等受賞。紫綬褒章、旭日小綬章受章。専門学校桑沢デザイン研究所所長を歴任。代表作に山本耀司のブティック、神戸ファッション美術館、茶室「受庵 行庵 想庵」、クレストタワー一連の内部空間。またホテル イル・パラッツォ、門司港ホテル、京都ホテル・ロビー、オリエンタルホテル広島、ザ・ゲートホテル雷門、札幌グランドホテル等ホテルの総合的デザインにも取り組んでいる。メトロポリタン美術館、デンバー美術館等に永久コレクション多数。
著書に『プライバシーの境界線』『日本のインテリア全4巻』『家具の本』『インテリアと日本人』『普通のデザイン』『戦後日本デザイン史』等。

わが国において、インテリアデザインがこれほど社会的に影響力を示しえたのには、いくつかの理由がある。そのなかでも特筆すべきなのは、戦前戦後の長きにわたって続いた「工業化社会の規範」と、新しく生まれつつあった「情報化社会の理念」とのあいだの構造的矛盾に対して、社会の溝、ずれを埋めてきたことである。工業化社会は、組織社会である。個人を集団的に制御し、個人がもつ精神、意思を抹殺した社会でもあった。それに対し、情報化社会は個人を対象としていた。しかしこの時期、社会のすべての仕組みは、工業化社会そのものであった。インテリアデザインは、そうした社会構造の狭間に位置することになった。それは、人間解放の場であり、〈見える人から見える人へ〉のイデオロギーの伝達の場となった。つまり見える社会を形成する手段として活動したのである。

70年前後を境として、多くのラディカルなデザイナーは、その戦略的視点を商業空間のデザインに見出している。それまで純粋なデザイナーが見向きもしなかった商業空間、コマーシャルスペースをデザインの対象として、あえて選んだのである。それは多くの大衆を巻き込んだ商業的活動を巧みに利用しながら、さまざまな地域、さまざまな環境へと神出鬼没することによって、ある種の隠れた社会運動のような形態を示した。新しく生まれた情報化社会の社会認識を望む大衆とデザインとのあいだに、共感を見出したのである。

インテリアデザインの本質は、個人の意思をより尊重することで成立する。それは、国家的野望とも企業的野望とも一線を画したものである。この時期にインテリアデザインは、その本質である個別的な問題を、社会制度における個別性のモデルとしてぶつけたのであった。

インテリアデザインが、単に〈室内におけるデザイン活動〉という範囲を超えて、室内に帰結されていく行為そのものの、本質的な意味や、内容を見出すという態度が、個人的体験を通して街に放たれたのである。都市とも、建築とも、社会構造ともかかわりをもたない個人的行為が、何にも覆いかぶされない時代の共通感覚として、浮かび上がった。

70年代も間もないころからはじまる新たなデザインの探求は、そうした個人の思考、何にもとらわれないという態度によって、日本独自の空間を生み出すことになった。70年代半ばから活躍するファッションデザイナーのブティックを通し、実験的な酒場、レストランなどを通し、まさに日本独自のデザインが生まれてきたのである。

今日、世界的に見て、日本のインテリアデ

ザインの質が群を抜いていることは、世界のデザイナー、ジャーナリストの認めるところである。世界のインテリアデザイン界に多くの影響を与えた日本のデザインは、60年代後半から70年代を通し、新たな社会と個人の固有性をつないだところに、その出発点があったのである。

こうした動きは、70年代後半には確実に社会に影響を与えていた。もはや、個人を対象とした個別性をテーマにしないかぎり商業空間は成立しないほどに、インテリアデザインは認知されるに至ったのである。だが、皮肉にも、商業界の期待が増大するにしたがって、多くの場がそうした特殊性を求めたために、もはや社会構造の変革を発端としたオリジナルな理念はどこかに飛んでしまい、これらの多くは、理念のないまま、単なる表面的表現として社会に取り込まれてしまったのである。

『インテリアと日本人』（2000年3月／晶文社）

1973（昭和48）年

● ベトナム戦争終結
● 江崎玲於奈、ノーベル賞受賞

1974（昭和49）年

● アメリカ、ウォーターゲート事件
● 佐藤栄作、ノーベル平和賞受賞

Photo
（上）「バルコン」（1973年）
撮影：白鳥美雄
（下）「Dancing Water」（2007年）
撮影：内田デザイン研究所

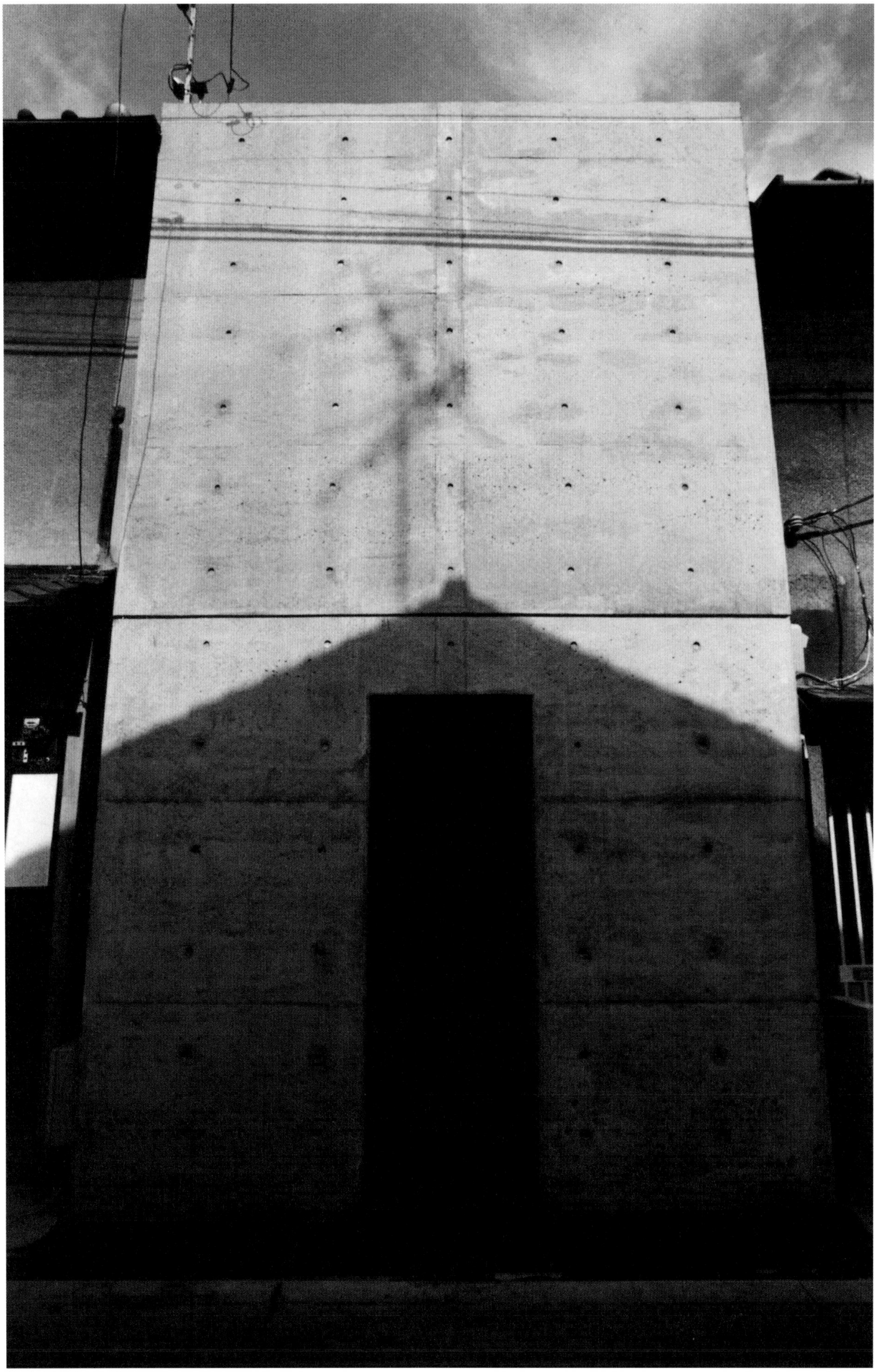

第 1 章　インテリアの発生と成長

023

Photo
(左頁・上) 安藤忠雄「住吉の長屋」(1976年) ／撮影：白鳥美雄

空間に輝く光彩を求めて
― 時の流れとタペストリー ―

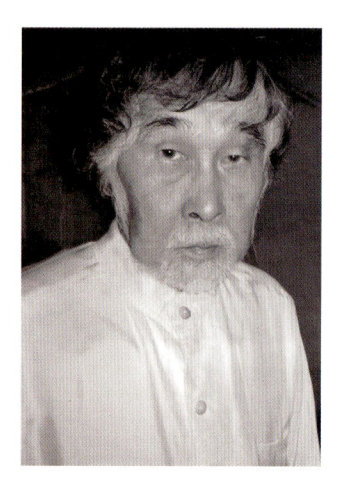

山岸柾史 Yamagishi Masafumi

profile

山岸柾史（やまぎしまさふみ）

1933年三重県亀山市に生まれる。
第二次世界大戦時の小学生時代、名古屋でB29爆撃機による空爆のなかで過ごした。小学6年終戦。旧制中学（3年生より新制中学に編入）。57年多摩美術大学染色卒業。F工房にて染色助手、3年後独立。テキスタイルアートスタジオを設立。二子玉川の工房で生活美術におけるテキスタイルアートの制作、テキスタイル関連（カーテン、カーペット、服飾等）の企画開発。日本大学芸術学部講師、ICSカレッジオブアーツ講師。60年JID設立に参加（現在名誉会員）。72年タペストリービエンナーレ展（スイス）入選。同年『染織の新世代』展（京都近代美術館）招待出品。80年第三回国際テキスタイルトリエンナーレ展銀賞受賞。85年『現代日本美術の展望―生活造形―』展（富山県立近代美術館）出品。現在、栂池（長野県北安曇郡小谷村）にワークショップ開設、バリ島（インドネシア）に工房、BBハウス（ヌサドゥア）、TAKEハウス（タバナン）を設立。

　1960年代インテリアデザイン界にスカンジナビアデザインとアメリカンモダンデザインの風が吹きはじめた。1964年東京オリンピックの開催、外国旅行に500ドル（1ドル＝360円）の外貨取得が観光目的にも許可された。私は横浜港よりナホトカ、ハバロフスク、レニングラード（現サンクトペテルブルク）、モスクワを経由、フィンランドのヘルシンキに入り、シンプルで色彩の豊かなスカンジナビアのテキスタイルに触れたときの新鮮さを思い出す。この体験は私の色彩に対する認識の重要さを教えてくれた私の人生で二番目の出来事であった。最初は多摩美術大学での芹沢銈介先生によって触れた沖縄の紅型染めであった。新しい創造の一つとしてタペストリーというテキスタイルアートを知ったのもこの頃であった。

　1969年に記録された私のタペストリー作品は断層（W500×L60㎝）でフックドラグのパイルの羊毛と綿ロープを塩ビパイプと綿ロープに巻いたものを取りつけた半立体の作品で、以来50年間に約500点以上の作品の制作のはじまりであった。1973年には新宿に京王プラザホテルが誕生。粟辻博のデザインでホテルロビー正面に松竹梅の形は日本を感じるタペストリーが展示された。この時10点程のタペストリーが展示され、私もクラブ形式ボールルームのエントランスとホール内の2点を制作した。1974年制作した「海の一日」は深い色彩と豊かな海の朝から夕までを表現した私の作品では最大のサイズとなった。

　1980年代に入ると高度成長期に入り銀行証券業界へのコミッションワークが増えた。素材もレーヨン糸が中心となり、メンテナンスの対応も考慮された。炭素繊維による制作も試みた。建築に金属、石材が多用されたため感覚的に対応し量感のある織物を制作した。S証券の三界（陽天波）は、㎡当たり20kgの重量感のある作品となった。

　能美ビルのタペストリー「いのち」は、火災報知器製品の製造会社であり、水と火をテーマに作品を制作した。スマック技法で糸の方向変化の織物で流れる動きのある作品を作った。

　1990年代は高度成長期末期に入ったが制作点数は70点を越えた。文化会館に準ずる公共

Photo
(左頁)「海の一日」海運会館ビル (1974年)
(上)「三界」S証券ロビー

Photo
「断層」(1969年)

施設、ホテル、高年者向き住宅、ホスピス施設への展示が増加し、葬儀場、宗教団体の集会場等に展示された。

新しく緞帳のデザイン、制作が加わった。公共建物の舞台のため大きく、制作は専用工場で作られたが、制作技法はタペストリーと同じでデザインワークも同じである。上下部分は羊毛をフックドラグの織りで中央を塩ビパイプにレーヨンを巻いた（「陽は昇る」西区センター）。基布にレーヨン糸による綴織、その上にレーヨン糸、金銀糸をロープに巻いて縫いつけた作品等約10点程デザインを制作したが成長期の終焉で共に終わったと思われる。

自然界には美しい情景が一杯存在する。野には緑が映え花が咲き蝶が羽根をひろげ朝陽が、夕陽がひろがり、朝から夕まで、春から冬までそれぞれの瞬間に変化のある色彩を表現してくれる。タペストリーは古くは石造りで暗い湿気のある暗い城の壁に吊り下げられ又広い部屋の間仕切に使用された織物であった。現在は絵画と同様に扱われている。

1936年に化学繊維のナイロンが発明されその後多くの新しい繊維素材が生まれたが主として機能性の高い分野での使用が多く、装飾的デザインが要求されるのは主としては車両用の椅子、張地、カーペット等に限られている。

花のいのちは短く―美しいもの―

大作志向のタペストリーの創作は終り、住いの空間で心地よい環境を作り出す作品として四季の変化が美しい栂池高原の工房と自然に溶け込んだ作品創りに、長くとも短い人生を生活美術の創作に時間を過すことは、人間として生れたことに意義を感じ、彩りの作品を2013年の個展を開いた。

1975（昭和50）年
● 通商産業省（当時）が、「インテリア産業のビジョン」を発表
● 「沖縄海洋博」開催

1976（昭和51）年
● ロッキード事件、田中角栄前総理（当時）逮捕

第 1 章　インテリアの発生と成長

Photo
粟辻博「パレード」(1974年) ／撮影：藤塚光政

028

第 1 章　インテリアの発生と成長

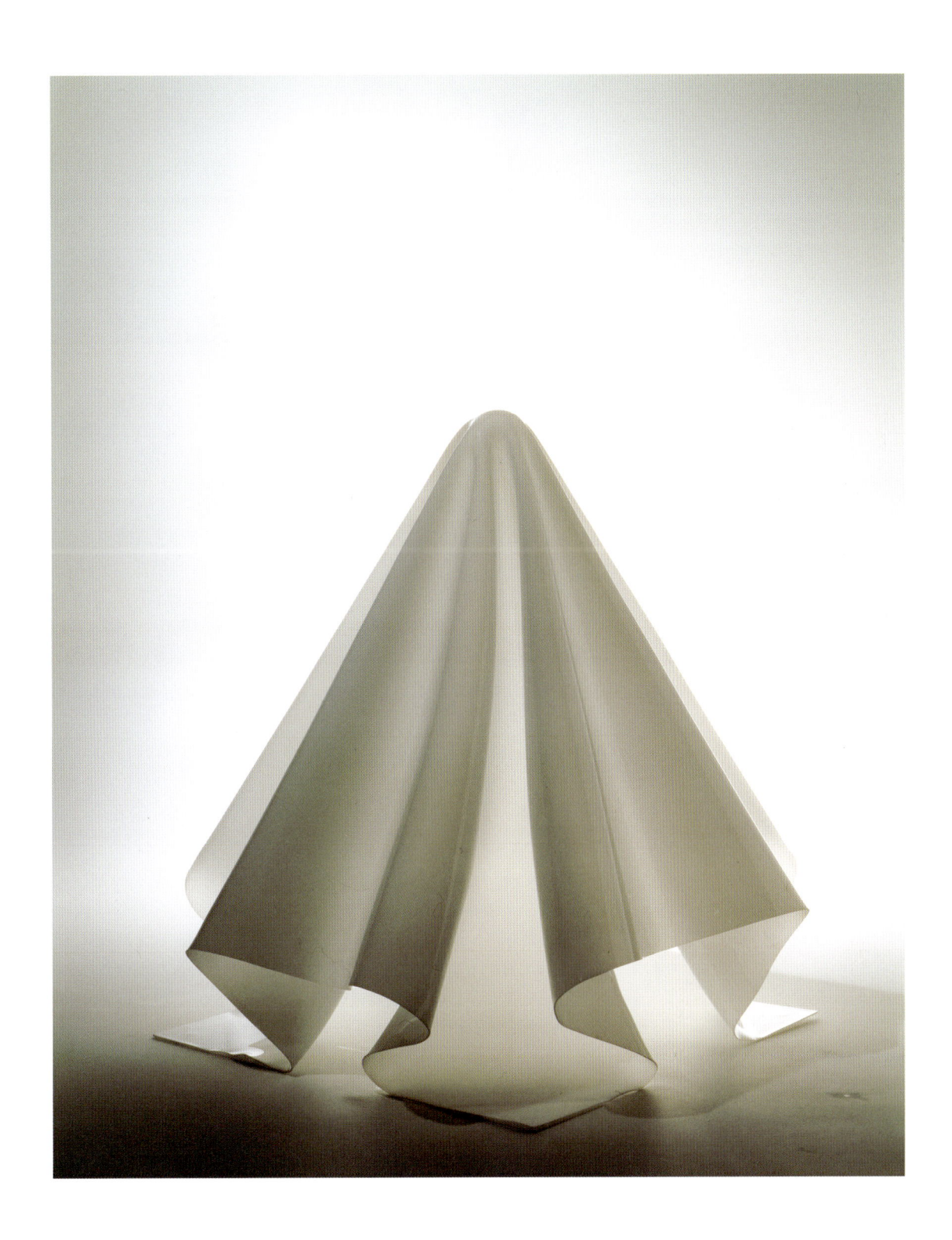

029

Photo
（左頁上）倉俣史朗「ガラスの椅子」（1976年）
（左頁下・左）倉俣史朗「四季ファブリック」（1974年）
（左頁下・右）倉俣史朗「変形の家具 side1+side2」（1970年）
撮影：藤塚光政

Photo
（上）倉俣史朗「オバQ」（1972年）
撮影：藤塚光政

時空を、超えるのは

（上）「WXYZチェア」／「domus」（1978年9月号）表紙
（右）「海と空の間のガラスの家」／建築家とその自邸をテーマにフランスで出版された「intérieur extérieur」（1999年11月刊）の表紙を飾る

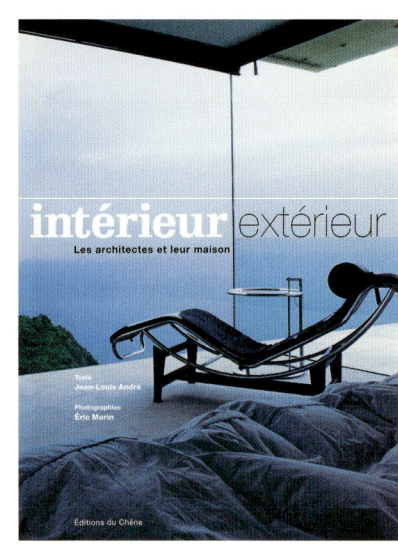

profile

葉 祥栄（ようしょうえい）

1940年熊本県生まれ。
62年慶応義塾大学経済学部卒業。ウィッテンバーグ大学ファイン・アプライドアーツ奨学生。70年葉デザイン事務所設立。92年九州大学非常勤講師、コロンビア大学大学院建築学部客員教授。96年慶応義塾大学大学院教授。2007年ウィッテンバーグ大学名誉芸術博士号。08年熊本県立大学客員教授。
主な作品に「コーヒーショップ・インゴット」「木下クリニック」「光格子の家」「小国ドーム」「三角港フェリーターミナル」「海と空の間のガラスの家」「富山県展望塔 ふるさとパレス」「金田町ふれあい塾」「グラスステーション」「内住／内野コミュニテイセンター」「慶応義塾大学SFCデジタルラボ棟」等。
毎日デザイン賞、日本建築家協会新人賞、日本建築学会賞、IAKS AWARD 1993 GOLD MEDAL 等、受賞多数。著書に『葉祥栄：そのフォルムとエスプリ』（SD）、『葉祥栄：現代建築／空間と手法24』、『デザインマトリックス』（彰国社）、『SHOEI YOH, In Response to Natural Phenomena』（伊）、『建築のための柔軟体操 12のカリステニクス』（SD）、『1970-2000 葉祥栄の建築』（かたりべ文庫）等。国立国際美術館、Frac Center（仏）、Canadian Center for Architecture（加）で、その作品がパーマネントコレクションになっている。

ぼくたちは西欧文明から多くのことを学んできました。しかし、これからは自ら日本の伝統文化を見直し、再考する"反省期"を迎えているのではないでしょうか？ 異常気象と自然災害をもたらしている炭酸ガスにしても、廃棄すら出来ない放射能にしても、為政者の無為無策が、残された時間を空費しているのではないでしょうか？

もし、清水寺の舞台に斜材を義務づけている現行法規が適用される日が来たら、たちまち日本の文化は、ガラガラと音を立てて瓦解するのではないでしょうか？

東大寺大仏殿のイギリス製のスチールトラスも、唐招提寺のキングトラスも、薬師寺金堂のコンクリート躯体も、推進し黙認してきた日本の文化行政に対する、宮大工たちの無念と憤りを見て見ぬふりをしてきたわれわれも、許されないのではないでしょうか？

今までも、これからも、揺らぎ続ける日本のアニミズムの融通無碍な柔軟性こそが、生命体としてのエネルギーを函養し、放電と充電を繰り返し、新陳代謝（メタボリズム）が永続性をもたらしているのに、変形を許さない剛直なトラスで、ひたすら固めることが安全だという神話は、既に過去のものになっています。安直に固めることを潔しとしなかっただけでなく、忌み嫌って、賤しんできた斜材を美意識が許さなかったのではないでしょうか？ 数百年にわたって、経時変化を観察して、変形が大きければ楔で締めなおすことも、今ならダンパーで吸収することもできるし、変形を容認する鷹揚さが余裕を生み、気にかけ手をかけることが永続性を担保するのではないでしょうか？ 坂本功先生によれば、斜材の用いられた唯一の例外が、法隆寺舎利殿（鎌倉時代）だというのですから、そこに日本の文化の原点を見出すことができます。

柔良く剛を制す、と言うではありませんか？ そこには、日本民族の美意識と倫理が胚胎しています。Ethnic Aesthetic Ethics とでも呼ぶべきかもしれません。

明治以来、小学校には長い庇（軒下空間）に覆われた縁側は、無駄な空間として排除されていました。四季を通じて校庭との親和性をもたらし、先生や上級生下級生全員の連帯を促し、多様な遊びと作業が可能になる最も貴重な空間が、ないがしろにされてきたともいえるのではないでしょうか？ 半屋外が第三の空間として介在する中間領域の必然性は論じられることもなく、内外に二分されて忘れられてしまったのです。ここにはインテリアという概念はなく、アンビエンスとでも呼ぶべき流動性と柔軟性に富む空間意識がありました。

福井県大野市の明倫館の再建を藩校跡地に計画した時に、ゲニウスロキ（地霊）に教えられたのです。400年間7回の大火でも甦ってきた城下町には、モダニズムは歯が立たな

第 1 章　インテリアの発生と成長

Photo
「光格子の家」(1980年)
撮影：白鳥美雄

い所か教えられる毎日でした。トランスジェニックを意図した大きな家にしたのです。

　雨戸、障子、襖などの引き戸で構成された空間の領域は、曖昧でプライバシーがなく、家族の連帯は強い絆として互いに思い遣り、分かち合うことが、普通のこととして行われ、日本では当然のように思われていました。日本人のメンタリティーを育んできた曖昧で柔軟で流動的な空間を、その為に忘れてしまっているのでしょうか？

　住宅でもヒンジドアの密閉性は、そのような曖昧さを許容しません。日本の文化になじまない柔軟さも曖昧さもない生硬さが、家族をバラバラにしたとも言えるのではないでしょうか？　自己の確立が孤立することになったり、権利意識や自由を求めるあまり思い遣りを失ったり、分かち合うのが当たり前ではなく、責任を回避するような風潮が、もし、一般的だとしても、日本の住空間だけには通用させたくないという意味で"和魂洋才"という言葉が相応しいのかも知れません。日本の空間のもたらす精神性を受け嗣ぎたいものです。

　今、世界のどこかで、万が一先制攻撃に報復した途端、人類を滅亡させる核弾頭が無数に存在している事実。脅しにしか使えないし、使うこともできない原爆を保有している貧しいテロリストの住むパキスタンとインドの人民の悲惨な日常。

　相変わらずボタン一つで地球は滅亡するというのに、三すくみのエルサレムを独占したくても、絶対に独占できないユダヤ教、キリスト教、そうしてイスラム教にとって聖戦の英雄たちの自爆テロが、次々に新たな憎しみと新たな闘いを再生産する悲惨な歴史。民族間の争いが絶えることのない世界。数千年をかけて結晶化した三角錐には、妥協が許されないのでしょう。

　そのような西欧世界によって、アニミズム

Photo
(上・左)「木下クリニック」(1979年)
撮影：白鳥美雄

のアメリカとオーストラリアのアボリジニ（先住民）たちが滅ぼされたのは、そんな昔ではないのです。

　幸いにして、森羅万象を畏怖している原始宗教の島国日本は、柔軟性に富み、未だ生き延びて行ける僥倖に恵まれています。

　東北の人々に膝まずく天皇皇后両陛下に、暗闇の中で一条の光がさしているように見えるのは、まるで失われ忘れられた家族やコミュニテイの絆が、遺伝子のように受け継がれて行く、夢のような光景です。ぼくたちは、揺らぐことで安らぎを得ているのです。

　半世紀を振り返って見えてきたのです。
　何が大切なのかが。

　役に立たない杉の間伐材で、無謀にも、違法とされていた木造立体トラスの体育館を作った後、自然現象に取り憑かれて西部ガス自然現象美術館をつくり、それに共感したステイーブン・ホールに勧められてコロンビア大学院で客員教授をしました。

　1992年には、既に富山で雪の重量が変形させる大空間の経済的な最適形状として、屋根構造の変形をコンピュータで先取りして実現していました。三次曲面をさらに進化させて、小田原市総合体育館のコンペでは、複雑な多くのパラメータを用いたプロポーザル案が、審査員に実現性を疑われたこともあって実現しなかったのです。しかし、ぼくのアシスタントだったグレッグ・リンが注目し高く評価していました。1993年イギリスのAD誌での評論から始まったフォールディングとブロブという建築理論が発展した結果として、何としたことか、そのグレッグが20年後の2013年、カナダのモントリオールの"アーケオロジー・オブ・デジタルアーキテクチュア"展のキュレータとして、ぼくのほかピーター・アイゼンマン、フランク・ゲーリー、チャック・ホバーマンの3人を挙げ、アーカイブはパーマネントコレクションになったのです。2月にはイエール大学で展示されます。

　イタリアのDomus誌では、4人の中でぼくをキーフィギュアと呼び、イギリスのAR誌ではチャンピオンと呼び、一方カナダでは孤高の負け犬（判官びいき）と呼ぶ始末です。先進国イギリスの評論家が、ドイツで開発した立体トラスなのに、西欧でもなく東京でもなく、日本の片田舎の孤立した建築家が、20年以上前に初めて最適な形状の三次元曲面で、経済性を追求していたということにわざわざ言及するのには、何か屈折したバイアスを感じます。

　1992年にNYのコロンビア大学院で、自然現象をモチーフにした日本の建築家のアシスタントを引き受けるのは、当時としてはまるで拷問のようだったと、2013年5月モントリオールのCCA (Youtube "Foundation of the Digital") で告白したのには、当時の彼我の文化と自然観の極端な差異に驚きました。グレッグがこの20年間発展させてきた建築理論の正当性が、こうやって認められるのも時代の流れなのでしょう。相互に異なる文化を認め合ってこそ、将来があるのでしょう。

　モダニズムの源流が日本にあったという認識を、Taschenのフィリップ・ジョデイデイオが、ぼくのもう一つの海と空のガラスの家の紹介でも示しています（"The first modernists were inspired by Japan"）。

　ブルーノ・タウトに遡れば、桂離宮ということになりますが、自然と建築の流動的な関係こそ、古今東西を問わず理想なのでしょう。抽象を極めた単純さ、モジュールのコンポジション、ミニマリズムこそ洗練の極みであったことを思い知らされます。ル・コルビュジエの近代五原則も、ミースのユニバーサルスペースやless is moreも、日本文化そのものだったのではないでしょうか？　1970年、ぼくはニュートラルなソフトエンバイラメントとして、初めて建築をインテリアデザイナーとしてデザインしています。

　ぼくの自然現象建築は、松井源吾先生に教わった自然の応力が、目に見える光弾性膜のモアレ現象と、コンピュータ解析の一致によって産み出されたものです。川口衛先生は、そんなこと誰でも知っているよと、22年前小田原のコンペの審査の際に言っておられたし、耐震から免震、制震へと次元を変え、水の粘性などの自然現象によって対応することが、自然を畏敬し学ぶことだったことくらい、今では誰もが知っているということなのでしょうか？　自然の災害に耐え、乗り越えて行く為には、先端的な将来の技術を学ぶだけでなく、過去の伝統文化の源流を遡って、見極め洗練させて新たにその精神を受け継ぐ勇気が必要なのではないでしょうか？

1977（昭和52）年
- アメリカ、ソ連、200カイリ漁業専管水域設定
- 王貞治、756本のホームラン世界記録樹立

1978（昭和53）年
- 新東京国際空港（成田）開港
- イギリスで試験管ベビーが誕生

1979（昭和54）年
- 国公立大学入試の共通一次学力試験実施
- 日本インテリアデザイナー協会20周年記念展開催
- イギリス、先進国初の女性首相として、サッチャー就任

葉 祥栄　Yo Shoei

Photo
(上・下)「インゴット」(1977年)
撮影：白鳥美雄

第 2 章

拡大するインテリアデザインの舞台
―― 1980 年代を中心に

70年代までにある程度の認知を獲得した日本のインテリアデザインは、80年代に入ってさらに成長し、成熟期、あるいは爛熟期ともいえる時代を迎えた。経済大国となった日本が、安定成長期に入り、物質的な豊かさを手に入れた人々は、70年代の「一億総中流」と呼ばれた画一的上昇志向から、差異を重視する多様化、差別化を求めるようになる。こうした社会的、経済的変化は、実際は哲学的、社会科学的により深遠な思考が求められるはずだった「ポストモダン」を、表層的なブームにすり替えた一種の思想的流行ともあいまって、インテリアデザインの世界の様相も大いに変えた。そこへ至る契機として、イタリアにおける80年設立のアルキミア、翌年のメンフィスの運動は象徴的な出来事であり、そこでは、もはや商品の機能や品質ではなく「記号」が大きな意味をもつことになった。さらに、80年代半ばから始まるバブル経済は、そうした記号の差異化を経済的に後押しすることとなり、海外の著名建築家、デザイナーの招聘や、採算を度外視したプロジェクトなどが相次いだ。デザイナーにとっては、実験的な試みが自由に行えたというメリットもあったが、無意味で不毛なものも多数産み落とされた。そうした爛熟期も、天安門事件、東欧革命、ベルリンの壁崩壊といった世界的な社会変革が立て続けに起きた1989年以降、急速に収束へ向かい、90年代に入ると泡沫は跡形もなく消滅した。

倉俣史朗「イッセイ・ミヤケ松屋」(1983年)／撮影：白鳥美雄

逆喩のレトリック

竹山 実 Takeyama Minoru

profile

竹山 実（たけやま みのる）

1934年北海道生まれ。
56年早稲田大学第一理工学部建築科卒業。58年早稲田大学工科系大学院卒業。60年ハーバード大学院卒業（フルブライト奨学生）。59〜62年渡米し、主にボストン、ニューヨークの建築設計事務所に勤務（イサム・ノグチアトリエにも勤務）。62〜64年渡欧し、主にデンマークの建築家の事務所、デンマーク王立アカデミー建築科に勤務（ヨン・ウッツオン、アルネ・ヤコブセン、フィン・ユール、ヘニング・ラーセン事務所にも勤務）。65年帰国し、竹山実建築綜合研究所開設。武蔵野美術大学建築学科の創設に参加し、助教授を経て、76〜2004年まで教授。現在、竹山実建築綜合研究所代表、武蔵野美術大学名誉教授。
77年、チャールズ・ジェンクス著『ポスト・モダニズムの建築言語』を翻訳し、いち早く日本に紹介したことでも知られる。代表作品に「一番館」「二番館」「ホテルビバリートム」「SHIBUYA109」「晴海客船ターミナル」等。主な著作に『碧いニルバーナ』『街路の意味』『建築のことば』『ぼくの居場所』等がある。

10年近くも前のことだが、1960年代から70年前半までの日本におけるインテリア・デザインの系譜をたどり、色々な実例を眺める機会が与えられた。そのときの印象を僕は古い映画「カルメン故郷に帰る」のカルメンの姿になぞらえてみた。表層的には華やかさが満載されてはいるが、その姿は何か足が大地についていない悲しさを漂わせていたからだ。事実、EXPO'70をひとつのエポックとしたこの高度成長期のデザイン界は、都市と地方のあいだの落差をはげしく往来した「あの美しくもあり、悲しくもあるカルメンの容姿」に近似していた。（『現代日本のインテリア・デザイン 1960-75』）

今度の『年間現代日本のインテリアデザイン1984』に収録された作品群を拝見しながら、10年前の読みと重なり合う部分と新たな発見を強いられる部分とがもつれ合った。もちろん10年足らずでひとつのデザイン領域が画期的な方向転換をなしとげるはずがないから、多くの点で60年代、70年代の傾向と重なり合うのは認められる。とりわけ技術のレベルでは文句なく、より発展的に成熟を加えているのがありありと見える。だから僕にとっての新しい発見は、むしろその表現性のレベルにおいてである。

全体を眺めてとりわけ強く感じることは、表現が一様に没個性化し、ある種の禁欲主義にも似た傾向をもちはじめているということだ。それを僕は一先ず表現性の無言化と呼んでおこう。それは近代主義が純粋性と禁欲主義に忠誠を尽くした末に陥った無言化の現象とは明らかに違う。何故なら、これらは不特定な大多数に対応した公共的な場ではなく、選ばれた小集団に対応したいわばミクロ化した空間に発生し、それ故明らかに逆喩に似たレトリックをつくりだしているからである。

選ばれた作品群は圧倒的に商業空間が多い。とりわけブティックなどのファッション関係とかレストランが眼につく（何故選び抜かれたデザインの実例が、住宅とかあるいはよりパブリックな空間にではなく、こうしたいわば「見せびらかしの消費（コンスピキュアス・コンサンプション）」の場に集中したか。それをめぐる議論は、とりわけ社会学的な関心を集めるだろう。が、ここではむしろインテリア・デザインの表現性を追跡することだけにとどめる）。こうした空間には本来的には人間の欲望が多層化して渦巻き、それと呼応してデザインの個性化を実現しうる場である。そこをあえて灰色化し、素材化し、ミニマム化し、アナニマスなものに変質させ……といった逆転劇の志向性に僕は着目した。この現象が事実だとしたら、それをどう説明したらよいのだろうか……。表現における負性化の傾向は以前からあった。アートにおけるミニマム化はそれなりに国際用語化している。が、僕の見るところでは、それとは幾分違う。むしろ

第2章　拡大するインテリアデザインの舞台

竹山実　Takeyama Minoru

037

Photo
「晴海客船ターミナル」BOPT（1991年）
撮影：藤塚光政

　ここでは相対性が高い。いってみれば自閉症患者の失語化ではなく、周囲に展開する「ことばの無駄づかい」をにらみつけた上での沈黙に似ている。とりわけファッションを扱うショップの場合、そこに陳列される商品との相補性が二重唱のようにこだまする。ファッション・デザインの最先端化した志向性は、今日ではいちはやく様式の「神話」から脱出し、素材という「もの言語」を通して、いわば「野生」への回帰を試みようとしているように見受けられるからだ。かつてパラドックスとして出現したカルメンの服装は、もはやはるかに遠い過去の遺物と化してしまった。

　さらにインテリアにおける無言化現象は、建築や都市の出来事と当然のことながら無関係ではありえない。とりわけ、そこで展開する「ことばの無駄づかい」現象は注目してよいだろう。1970年以降、建築における創造性の再評価は、建築の形態をその意味作用において自立させ、人間の集団的な営みの手掛かりにさえしようとしてきた。その挙句、建

築形態を成立させるコードが多重化し、まさに百花繚乱と咲きまくる建築現象をつくりだすことになった。こうしたいわば人間学的な動機にもとづいた建築の出来事は、都市の風景をなまなましく変えた。気が遠くなるようなモニュメンタリティが所かまわずはびこり、パブリックなスペースにプライベートなジョークを吐き散らし、まるで臓器移植さながらに異文化の様式と決まり文句が移入され……。こうしたイメージの消費は、建築と都市を「ことばの無駄づかい」で綴り合わせた「書物」に変えた。たとえ当分のあいだ野放し状態がつづいても、それは人間の想像力とレトリックの復権の嵐と見ることもできるだろう。

　僕が注目したインテリア・デザインの志向性は、まさしくこうしたにぎやかな外の状況をにらみつけるがごとくに、ジーっと沈黙するかのようだ。しかしそれにもかかわらず、この外と内との相対的な出来事は、意味の力学でとらえる限り同じことではないかと思われるのである。

　かつてシーランチに滞在したときのことをふと思い起こす。ハルピリンらが中心になって開発したこのカリフォルニアの海岸の住宅地は、もともと別荘地だったが今では多くの住民たちが定着した。周辺の自然のエコロジーを決して乱さないとする住民参加のデザイン・ポリシーは、環境の人工化を極度に制約し、その結果ここがアメリカかと疑うばかりの禁欲的な外部環境をつくりだすのに成功した。滞在中に住人達の家々を見る機会をもって強く印象に残ったのは、外の風景と違って家の内部がまるで別世界だったということである。外での禁欲主義から解禁された自由な表現の喜びが、内部のプライベートな空間に爆発しているようでもあった。このように外と内のそれぞれにはりめぐらされるパブリックなものの秩序とプライベートなものの自由がつくる力学は、実のところ北欧などにおけるインテリア・デザインの発生を促したものと根は同じだといえるだろう。

　日本のパブリックとプライベートの領域における現状は、こうした構図の全く裏返しの出来事と考えることはできないだろうか。それを「外」と「内」といった領域の統辞法だけでとらえるには誤解が大きすぎる。むしろ人間の想像力と生活感覚をつくりだす欲望を

媒体にした意味の力学とのかかわりを、そこに見抜くべきではなかろうか。とすれば、インテリア・デザインにおける無言化現象は、表現性を零度化することによって、より多様な欲望を包括したいとする意図によって裏づけられているのだといえるだろう。

インテリアがこのように無言化のレトリックをとり入れる限り、もはや用途がつくりだす空間の定式を破って、何にでも使えるシンタックスが支配的に採用される。その結果、建築の空間処理がそのまま放置されたり、平気で未仕上げの状態をとり入れたり、建築の見隠れ材、下地材、ときに土木工事の荒々しい素材がそのまま採用される。こうしたいわばユニバーサルで可変性を漂わされた空間処理は、どこか演劇空間の裸の舞台そのものを連想させる。特定の装置や道具をセットした舞台ではなく、幕合いの空虚な舞台だ。とすれば、道具類が大きな役割をになうことになる。事実、ここ10年間で家具はめまぐるしく変わり、その存在の意味を自立したようにさえ思えるのもこうしたことと無縁ではないだろう。

こうした家具の自立化というのは、日本にだけ顕著なことではない。例のソットサスを中心とした「メンフィス」の運動は「ニュー・インターナショナリズム」と呼ばれるように、「デザインは問題の解決ではなく、問題の提起なのだ」として近代主義の一切の特質へ反逆をくり返す。またアメリカの建築雑誌PA（Progressive Architecture）も、ここ数年「コンセプチュアルな家具」のデザインコンペをくり返している。確かに1920年代にも家具は建築家やデザイナーの熱いエネルギーの対象となったことがある。コルビュジェ、ミース、アールト、ヤコブセン、ライト、ブロイヤー、リートフェルト、サーリネン、イームズ……、数え上げれば切りがない。何故か……。ピーター・ブレイクによれば、当時これらの巨匠達は建築そのものの実践にありつけなかったからだという（『建築家の失敗』）。それはともかく、当時の家具が自立した存在証明をかち得ていなかったことだけは事実だ。何故なら多くの場合、建築空間のシンタックスがそのまま家具の造形性を支配し切っていたからだ。その挙句、家具のデザインには、視覚的な禁欲主義と純粋性とに根ざした規範がはびこり、「正直に配置され、正直な製品と正直な材料の使用とが強調された」（前掲書）。今日の家具はこうした近代主義の正直さをかなぐり捨てたことは間違いない。とすると、そうした放蕩息子を養う家庭のように、インテリアはだまり尽くしているのだろうか。

今日のインテリア・デザインに予兆的に現れた無言化のレトリックは、尽きるところひとつの問いかけに違いない。

もともと言語のレトリックとくらべて、図像という記号によるレトリックは、意味の明示性を失い、伴示性を増すといわれる。デザインにおける規範性がゆるみはじめると、この記号の意味作用は一層多義的なひろがりを見せるようになった。工業化社会が情報化社会へと移り、同時に今日の多様化した消費の時代に生きる人間の欲求がますます多層化すると、デザインの意味の網目は人間の想像力そのものに覆いかぶさってくる。こうした意味の網目を払い退けようとする志向性は、常に新しい意味を付与することでしかないという逆説こそ、実は今日の時代的な宿命ではなかろうか。

無言化によるいわば沈黙のレトリックは、こうしたパラドックスそのものとして僕には映る。それは10年前に読みとった美しくもあり悲しくもあるパラドックスとは異質なものだ。何故なら、それは顔の見える他人を失いかけたこの社会で、自己のあり方をきびしく問いつめる。抽象化した世間にとりまかれながら虚空に向かって満足を演じるこの社会で、自我の存在に冷ややかな問いを浴びせる。デザインもまた、もちあわせた意味を答えとするのではなく、たえず意味をつくりだす人間的な行為だとすれば、こうした問いかけは間違いなく人間の想像力を躍動させつづけるだろう。

「年鑑 現代日本のインテリアデザイン」
（1984年／講談社）

1980（昭和55）年

● イラン・イラク戦争
● 日本、モスクワオリンピック不参加

竹山 実　Takeyama Minoru

Photo
（左頁・上）「一番館」BOS-1（1969年）
「二番館」BOS-2（1970年）
（左頁・下）「一番館」インテリア
撮影：藤塚光政

Photo
喜多俊之「ウィンクチェア」(1980年) ／撮影：白鳥美雄

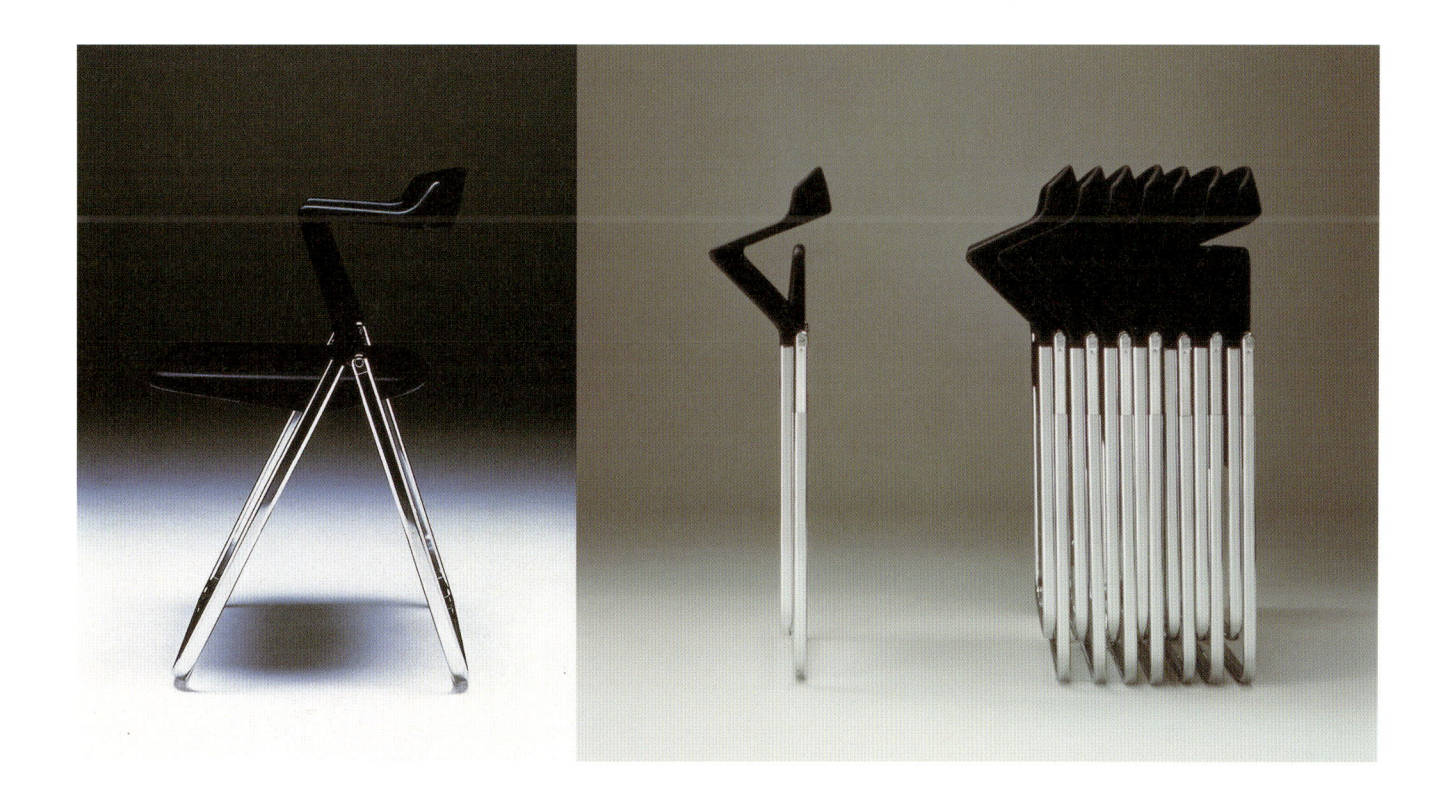

第 2 章　拡大するインテリアデザインの舞台

041

Photo
川上元美「CASSINA-IXC TUNE（BLITZ）」（1981/1995年）／撮影：白鳥美雄

品性を失わせるスピードという魔物

倉俣史朗 Kuramata Shiro

Photo
「バー・ルッキーノ」(1987年)
撮影:藤塚光政

profile

倉俣史朗(くらまたしろう)

1934年東京、本郷に生まれる。
53年東京都立工芸高等学校木材科卒業。同年帝国器材株式会社(家具工場)入社。56年桑沢デザイン研究所リビングデザイン科卒業。57年三愛宣伝課入社(64年退社)。松屋インテリアデザイン室嘱託を経て、65年クラマタデザイン事務所設立。67年頃から前衛美術家の高松次郎、アーティスト横尾忠則、イラストレータ宇野亜喜良とコラボレートしたインテリア作品で一躍時代の寵児に。同時に「引き出しの家具」「変形の家具」「光の椅子」等、斬新な家具デザインで、世界からも注目を集めるようになる。72年毎日産業デザイン賞受賞。76年三宅一生のブティック「ISSEY MIYAKE FROM 1st」をデザイン、以降手がけた同ブランドの店舗は100以上にのぼる。81年エットレ・ソットサスの誘いを受け、デザイン運動「メンフィス」に参加。同年第二回日本文化デザイン賞受賞。89年、パリのギャラリー「イヴ・ガストゥ」で二度目の個展。90年フランス文化省芸術文化勲章受章。91年に急逝するまで、名実ともに日本を代表するデザイナーとして活躍。その作品はデザイン界のみならず創造の世界にも大きな影響を与えた。

商業空間の虚構性

1955年桑沢デザイン研究所にいるころ、世の中は〈量産〉指向があり、まず安く良いというたてまえで量産され始めたが、結果としては生産者指向であり画一的なことになってしまった。たぶん戦後のないよりはあったほうがいい、とりあえず、という考え方が底辺にあり(もっともそれは今でもたいして変ってはいない)、ある意味では面白くもしたが、悪い面を多く持ったように思える。

〈インテリアデザイン〉という言葉が自立し始めたのは、1962年ごろ〈ジャパン・インテリア・デザイン〉の創刊の頃ではないだろうか。1970年なかばで少し認知され始めたと思う。ただ、日本の場合〈インテリアデザイン〉と言われるとその多くは商業空間を含むが、生産の場として、また、住宅の貧困を背景にして商業空間が成立している意もあり、商業空間が〈インテリア〉という言葉を認知せしめたのはいたしかたないと思う。

僕が商業空間に魅かれるのは、実験の場、一過性、虚構性、故であり、のこることを望まない故でもある。よく素材について質問されるが、素材は別れ時がカンジンで、執着しすぎると、素材に主体をうばわれてしまう。素材は、そのものの意味があまり解らない時、使った方がいいように思う。というのは、答えが自分の中で出せずあいまいな時使った方が僕の場合、結果はいいように思う。

ただ、無理にデザインされたものはやはり、自分のものでも、人様のものであって、美しくはない。

制約条件なしで作りたい家具

家具のほとんどは工場の協力を得ながら、一応自主的に作り続けている。その結果、メーカーがそれを見て量産化するケースが多い。

1970年にデザインした家具を皮切りに一昨年イタリアの会社が製作し始めてそれに続いて、フランス、スイス、オランダの会社と契約をした。会社(工場)の性格に適応させてそれぞれ契約をしている。

商業空間の仕事は制約が多いので、自己解放の自論もあって自主的に家具をデザインしている。

日本のある家具メーカーがデザイナーのネームバリューでは家具を作らないというような見出しをチラッと見たが、本当にいいもの

第 2 章　拡大するインテリアデザインの舞台

倉俣史朗　Kuramata Shiro

を作ろうとするなら、ケチな考え方はやめオープンマインドにすべきではないだろうか。輸入の家具に市場をさらわれてしまいかねない。

オフィスの画一性を廃する

オフィス家具の氾濫だが、オフィスの概念を一新するようなものはないように思う。それは、生産者志向・管理者志向の手の平の上で動いているだけで本当に〈オフィス〉を考えていないように思われる。

もっとも、美意識の遠いところにある総務課、庶務課、用度課で決裁されることも大きな原因だと思う。もっとオフィスはセクシーであれ！とミケーレ・デ・ルッキ達と話したこともあった。そういう意味では病院、学校のインテリア、家具も貧困この上ない。同じ経費の内でもまだまだ可能性はあると思う。

Photo
「ミスブランチ」(1988年)
撮影：藤塚光政

1981（昭和56）年

- 神戸で「ポートピア'81」開催
- 福井謙一、ノーベル賞受賞

結局は美意識以前の思想の貧困性だと思うが。

経済大国だと言いながら、政治の貧しさが原因していると思う。

スピードという名の魔物

今、日本のデザインを面白くしているのも、あるいは、駄目にしていくのもスピードだと思う。

本質論がなく、そのスピードに現象がのっかって変革してきた。否定出来ない面もあるけど、少しスピードダウンして考える時期の様な気がする。自己反省、自己批判をこめて、スピードが品性というような言葉を死語に追いやってしまった様に思える。

もっとも僕を含めて、この国の社会自体が幼年期の様な気がする。それは自己の認識を欠落しているという意味でも。インテリジェンスは自己認識があってのものだと思う。

僕はスタッフデザイナーの中には優秀な方がいっぱいいると思う。それを会社という組織がつぶしているのではないだろうか。もっともデザイナー側にも意識の欠如があると思うが、そしてそれは日本の構造が第一人称の〈私〉での発言が通りにくく、我々という抽象的な存在の方が通りやすいという背景によるものだが、社会が個性を重要とするなら〈私〉をもっと尊重すべきだし、諸々の問題に対して、まず問題を自分に引き寄せて考えた方が良いと思う。

ラディカルデザインの旗手、倉俣史朗
「品性を失わせるスピードという魔物」
（1988年1月号／日経デザイン）

Photo
（下・左）「スパイラル」（1990年）
撮影：淺川敏
（下・右）「トワイライトタイム」（1985年）
撮影：藤塚光政

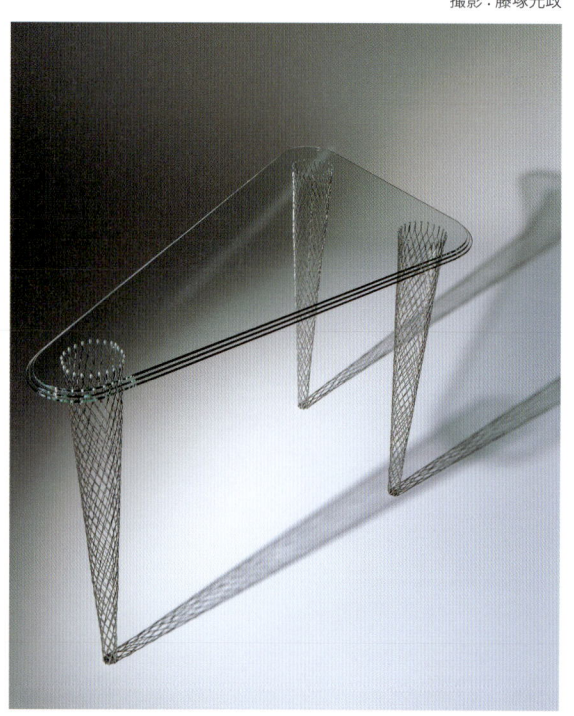

第 2 章　拡大するインテリアデザインの舞台

Photo
「ラピュタ」(1991年)
撮影：藤塚光政

Photo
(上) 内田繁「パブ・ジャレット」(1980年)
撮影：白鳥美雄
(下) 三橋いく代「パブ・マツキ」(1980年)
撮影：藤塚光政

第 2 章　拡大するインテリアデザインの舞台

Photo
植木莞爾「卑弥呼」(1980年)
撮影：藤塚光政

インテリアデザインの発見

飯島直樹　Iijima Naoki

profile

飯島直樹（いいじま なおき）

インテリアデザイナー・
工学院大学建築学部建築デザイン学科教授
1949年埼玉県生まれ。
武蔵野美術大学工芸工業デザイン専攻卒業。スーパーポテトを経て85年飯島直樹デザイン室設立。主な作品に「ARAI」「THE WALL」「伊丹十三邸」「内儀屋」「5S NewYork」「新文芸坐」「D.A.コンソーシアム」「SHUNKAN」「Blupond Seoul」「日本橋妻家房」「東京糸井重里事務所」「上海ワタベウエディング」「新宿髙島屋」「オフィスビルPMO」「Ao商環境」「文明堂日本橋本店」等。
著書に『飯島直樹のデザイン[カズイスチカ]臨床記録1985-2010』（平凡社）『ゼロ年代11人のデザイン作法（共著）』（六耀社）がある。
2004年より一般社団法人日本商環境デザイン協会理事長。

インテリアデザインの概念を定義づけるのは難しい。デザインのジャンルとしては建築の一部でありながら、工学の反対側で装い飾ることを得意としてきた。建築から見れば周縁の「室内装飾」であり、戦後しばらくの時代はベレー帽を被った絵描きのオジさんたちの余技であった。

そんな『室内装飾』が「デザイン」として自覚されたのは1960年代だった。高度成長経済がインテリアデザインというジャンルを後押しする。デザインに従事する側もベレー帽を脱ぎ捨てて、デザインの一分野の職能として自覚するようになったのである。洗練された空間作りの方法。官能的な素材使いの習得。微細な照明のタッチを洗練。モダニズムも導入する。そんなインテリアデザイン観にまで成長していたといえよう。

ところが1960年代末に、そうしたインテリアデザイン観とは真逆のデザインが登場してしまうのである。それはインテリアデザインそのものを問い、自己言及するような、いきなりの革命だった。室内の意匠という見立てすら廃棄し、身近な空間の「現象」とは何か。空間が「作動し機能する」ことはどういうことなのか、定常的な空間に隠れている「見えない空間」とはどんなものか。そうした、今書くと気恥ずかしくなるような問いかけが、夢想ではなく、収益を求められる商業空間を主な実験現場として投じられ実現した。

いきなりの革命の、先頭走者は倉俣史朗である。1968年という特異な時代と伴走し、日本の空間デザイン領域に、今日に至る大きな影響を残した。

1968年は20世紀の屈折点だと言われる。政治社会的な変化としては1989年のベルリンの壁の崩壊（東西冷戦構造の終焉）の方が大きいが、その変化の前兆は1968年に胚芽していた。無論浪人学生だった当時の筆者に歴史の転換の自覚など無かった。東大安田講堂とお茶の水界隈の催涙ガスの記憶、翌年の武蔵美での少々セコい大学紛争の最中で背伸びしたことだけは覚えている。何せ騒々しく、多くのことが身辺を行き交った。パリの5月革命の余韻、中国の文化大革命＋ゴダールの「中国女」、三島由紀夫の切腹。美術手帖に建築家の論考が長期に連載（磯崎新の「建築の解体」）、難しい思想雑誌にはフーコー・ドルーズ・デリダの名前が掲げられた。どうやらそれらの思想や観点はあらゆる表現領域の底のほうで影響し合い繋がっており、例えば写真表現の世界にも覆い被さっていることを知った（中平卓馬の「まずたしからしさの世界を捨てろ」）。川久保玲がモードの彼岸に起ち、コムデギャルソンを発進させたのも1968年である。

インテリアデザインも無縁ではなかった。それは収益を求められ制約が課せられる商業空間において、先頭走者倉俣史朗のデザイン作法を介して具体化したのである。

倉俣史朗は、重力から自由になりたいと妄想した。重力のある建築的現実を不自由と感じた。インテリアデザインに現象する空間の現実は床・壁・天井である。そこからコトバを差し引くと、現実は意味を欠いた名付けようのない水平面と垂直面に還元できる。倉俣史朗は1960年代後半に、そこのところに単身乗り込んだ。内部空間を構築的な空間概念から解き放ち、皮膚や脳、身体や感覚によって再編し、そこに独自の空間の捕まえ方を発見した。

そのひとつに表面/SKINがある。1969年「クラブ・ジャド」、1970年「マーケットワン」「エドワーズ」、1974年「四季ファブリック・ショールーム」、1983年「エスプリ香港」など。これらのインテリアデザインは、なかばサディスティックに、内部であることの空間の事実＝囲われた表皮を自覚し、SKINであることに徹する。デザインがそのまま空間構造の自己言及であるかのような行為であり、アンチデザイン＝装い飾ることの霧散である。そんなものを驚くことに実際の商業空間に投入したのである。

こうしたアプローチは、それまでの装い飾る観点からインテリアデザインの領域を大きく解き放った。独自のデザイン言語がここから生み出された。たとえば倉俣に続く世代、杉本貴志のルーバーを多用した「表面生成のデザイン（1970年代）」は、今日の隈研吾の粒子の空間、「負ける建築」にも連なり、現象学的方法として継続している。

日本のインテリアデザイン界は1968年以降いくつかの変化を経験する。バブルの時代の表現過剰な時期。90年代の沈静とアトモス

フィアデザインの巻き返し。ゼロ年代の身体と空間の測定であるかのようなアフォーダンス風姿勢など。だがそれらのすべてに、1968年とその季節に発芽した「デザインの発見」が及んでいる。日本のインテリアデザインを顧みるときに、これは何度も立ち返って記憶すべきことだと思う。

1982（昭和57）年
● 日航機羽田沖墜落事故
● ホテル・ニュージャパン火災
● 東北新幹線開通

Photo
倉俣史朗「香港エスプリ」（1983年）
撮影：藤塚光政

芸術家の同志
美を死の直前まで追求
—熱い心意気、すべてが刺激的—

安藤忠雄 Ando Tadao

Portrait
撮影：林景澤

Photo
（上）「水の教会」（1988年）
（右頁）「光の教会」（1989年）
撮影：白鳥美雄

profile

安藤忠雄（あんどう ただお）

大阪生まれ。独学で建築を学び、1969年に安藤忠雄建築研究所を設立。
代表作に「六甲の集合住宅」、「光の教会」、「FABRICA（ベネトンアートスクール）」、「ピューリッツァー美術館」、「地中美術館」、「表参道ヒルズ（同潤会青山アパート建替計画）」、「プンタ・デラ・ドガーナ」等。
79年「住吉の長屋」で日本建築学会賞、85年アルヴァ・アアルト賞、89年フランス建築アカデミーゴールドメダル、93年高松宮殿下記念世界文化賞、2002年AIAゴールドメダル、京都賞、03年文化功労者、05年UIA（国際建築家連合）ゴールドメダル、レジオンドヌール勲章（シュヴァリエ）、06年環境保全功労者、文化勲章、12年リチャード・ノイトラ賞、13年フランス芸術文化勲章（コマンドゥール）。
11年東日本大震災復興構想会議 議長代理、「桃・柿育英会 東日本大震災遺児育英資金」実行委員長。
イェール、コロンビア、ハーバード大学の客員教授を歴任。97年より東京大学教授、03年より名誉教授。
著書に『建築を語る』『連戦連敗』『建築家 安藤忠雄』『仕事をつくる』『TADAO ANDO Insight Guide 安藤忠雄とその記憶』等。

　究極の美を求める緊張感と仕事への強い思い。振り返ってみれば、20代のころに出会った人たちは、そうした心意気に燃え、決して妥協しない精神を持っていた。彼らの生きざま、思考から実に多くを学ばせてもらった。イサム・ノグチ、倉俣史朗、田中一光、三宅一生たちである。

　日本人を父に、アメリカ人を母に生まれたイサム・ノグチには、「自分はなに者か」という問いが常にあった。自己のアイデンティティーが二つに引き裂かれる。その矛盾に挑み続けるなかで芸術を生み出した。また、常に新しい感性で時代を切り開いた倉俣の透明感、日本の伝統を深く理解し、絶妙のバランスを追求した田中一光の美意識。すべてが刺激に満ちており、この人たちと同時代を生きたことは誇りである。

　三宅一生さんとは出会いから40年がたつ。一生さんはデザインを学ぶ学生だった1960年、東京で開かれた世界デザイン会議に衣服デザインの分野が入っていないのはおかしいと疑問を投げかけて注目された。70年代以降の仕事は、まさにそこを基盤として様々な成果をあげ、世界のデザイナーたちが成し得なかった、モードファッションを芸術へと昇華させた。後に、衣服は、「一枚の布」であるとする概念を構築し、衣服革命を起こしたが、それを支えるのは漁網をはじめとする日本の伝統産業の技術と優れたテクノロジーである。

　伝統的技術をバックボーンとして、日本のデザインを世界に発信したい。意気投合して取り組んだのがデザイン施設、「21_21 DESIGN SIGHT」（東京・六本木）だ。

　一生さんはイサム・ノグチを父のように敬愛していた。その関係で私も、十数年と短かったが、親しくさせていただいた。広島出身の一生さんがデザインの道を志したのは、イサム・ノグチがデザインした平和記念公園にかかる二つの橋に衝撃を受けたからにほかならない。

　イサム・ノグチとは、亡くなる10日前にもお会いした。大阪のOBPビルで展覧会を開く予定だったが、たまたま立ち寄った、私が設計した心斎橋にある商業ビルが気に入り、「ここで個展がしたい」といきなり言い始めた。

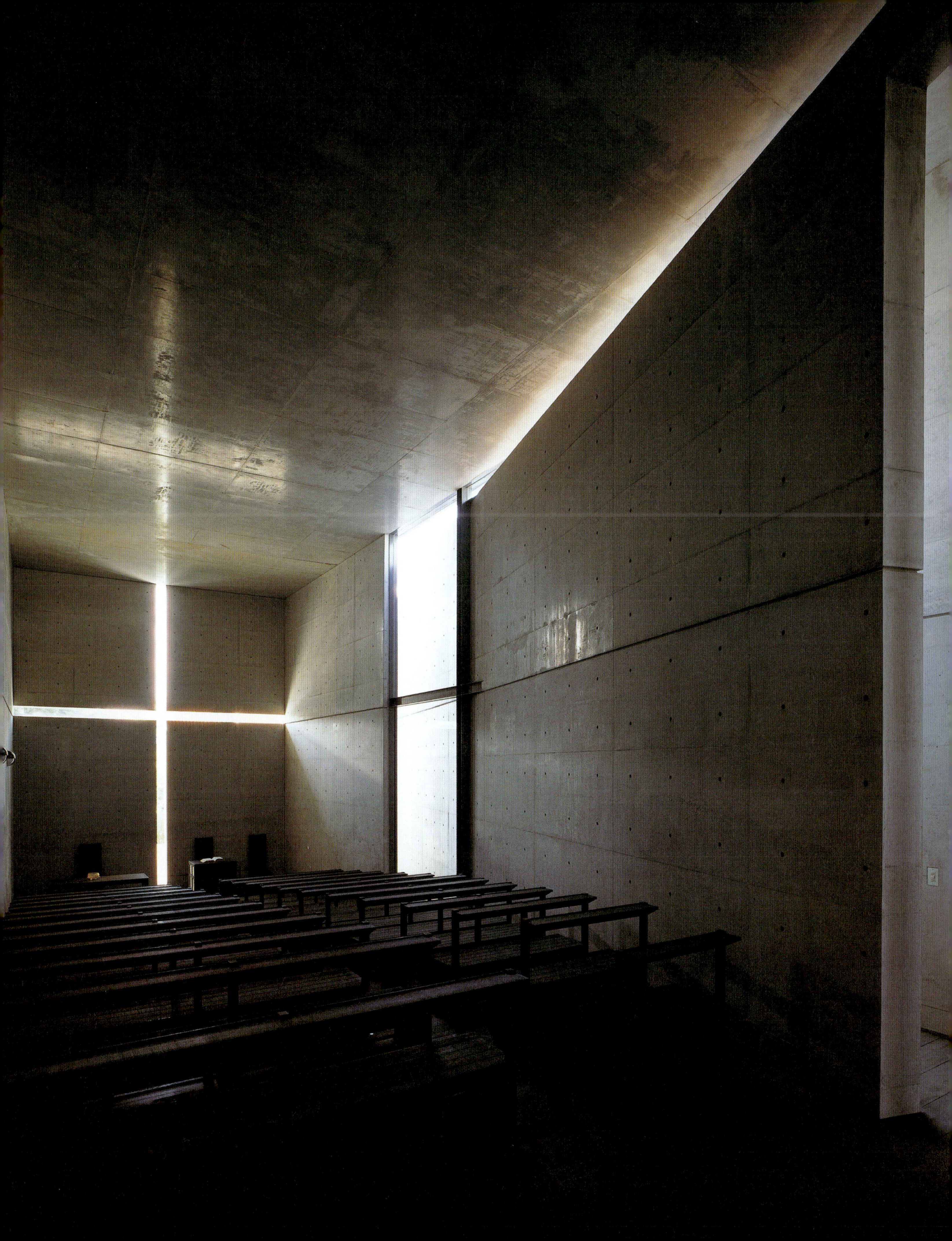

パンフレットまで出来上がっていたのに、会場を急きょ変更することになった。どんな場面でも、芸術家としての自らの意志を優先し、最後の最後まで絶対に妥協しない。イサム・ノグチはその時、既に84歳。意欲に満ちあふれた芸術家としての姿勢に、私はただ驚くばかりだった。が、89年2月に開催されたその展覧会は、思いもよらず回顧展になってしまった。

イサム・ノグチが亡くなったのは88年12月30日。倉俣史朗は91年2月1日、そして田中一光は2002年1月10日に亡くなった。みな、死の直前までそれぞれが信じる「美」を深く追求しつづけた。芸術とは何か、そして芸術の持つ力。多くを教えられた。

2007年3月、「21_21 DESIGN SIGHT」はオープンした。三井不動産の岩沙弘道社長の「まちづくりの中心は文化だ」という強い思いが関係者を動かし、実現にまでこぎつけることができた。ここから、新しいデザインが、世界へと発信されていくと信じている。

『仕事をつくる』「私の履歴書」
(2012年3月／日本経済新聞出版社)

1983（昭和58）年

- 東京ディズニーランド開園
- 大韓航空機墜落
- 三宅島大噴火
- 勝見勝死去

Photo
「水の教会」(1988年)／撮影：白鳥美雄

インテリア・デザイナーとのコラボレーション

田中一光 Tanaka Ikko

profile

田中一光（たなかいっこう）

1930年奈良市生まれ。50年京都市立美術専門学校（現・京都市立芸術大学）図案科卒業。鐘淵紡績（現・カネボウ）、産経新聞大阪本社事業部を経て、57年上京してライトパブリシティに入社。60年日本デザインセンター創立に参加したのち、63年田中一光デザイン室を主宰。以降、東京オリンピック、大阪万博、札幌冬季オリンピック、ロンドン「ジャパン スタイル」等の企画、展示・空間プロデュース等、グラフィック・デザインのみならず、様々な分野で国際的に活躍。75年からは、西武流通グループ（現・セゾングループ）のクリエイティブディレクターとしても活躍。店舗空間、環境デザイン、CI、グラフィック、パッケージ、「無印良品」のアートディレクション等を通して、企業のイメージ戦略を総合的に支えた。「TOTOギャラリー・間」（TOTO）、「ギンザ・グラフィック・ギャラリー」（DNP文化振興財団）等の設立・運営に尽力したほか、茶人「宗一（そういつ）」として現代の「茶の湯」を広める等、日本文化発展への貢献ははかりしれない。88年毎日芸術賞、94年紫綬褒章、ニューヨーク・アートディレクターズクラブ殿堂入り、98年朝日賞、東京ADCグランプリ、2000年文化功労者、東京アートディレクターズクラブ名誉殿堂入り等受賞、受章多数。主著に『田中一光デザインの世界』（講談社）、『デザインの周辺』、『デザインの前後左右』、『デザインの仕事机から』（白水社）等がある。2002年逝去。

空間デザインを語るにあたって、何人かの友人に触れないわけにはいかない。杉本貴志さんもその一人である。

杉本さんに初めて会ったのは、原宿にあるバー「ラジオ」だった。面白いバーがあると聞いていたのでよく飲みにいっていたら、ある夜蝶ネクタイを結んだ小太りの男が、花嫁衣装を着た女性を含む数人を連れてドッと入ってきた。オーナーの尾崎さんによればその日は杉本さんの結婚式で、二次会にやってきたという。店の設計者でもあると尾崎さんは付け加えた。

それがきっかけとなって、杉本さんとは三宅一生さんのブティックや、沖縄海洋博、さらにゼゾングループの仕事を一緒に担当するようになった。

1973年、勝見勝さんの監修のもとでEXPO '75沖縄国際海洋博覧会の準備が始まり、私は政府出展「海洋文化館」の展示・設計を担当した。インテリアを杉本さんと水野俊介さん、グラフィックを上條喬久さんに依頼したが、会場が一フロアだったので、大洋をテーマに青を基調とした空間を作り、さらに青の展示ケースを規則的に並べる構成にした。

これは杉本さんのアイデアだった。広いフロアにまるでマッチ箱を並べるように規則正しく展示ケースを並べ、そのケースごとに例えばオセアニアとかポリネシアといったテーマを設定して展示する。会場に足を踏み入れると、広いブルーの会場にブルーの箱が並んでいる。造形の単一性とそれぞれの繰り返しのリズムがあって美しく感じられる、一見いいアイデアだった。

しかし、反対にそういう方法を採用することで、海洋民族の持っているバイタリティを表現できる余地が少なくなった。彼らの生活を箱の中に入れ、標本として展示することがはたして妥当であろうかという疑問が終始つきまとった。

それでも私は杉本さんの原案がユニークに思え、展示の大枠が決定したところで、私たちは海外取材に出発した。

1974年、まずハワイのビショップ・ミュージアムを見学し、タヒチ、ボラボラ島、フィジー、サモア、トンガ、ニューギニア、香港と一か月をかけて取材や写真撮影を行なった。海洋民族ののびのびとした生活は私たちを興奮させ、カヌーや民家の屋根や南国の草花をはじめ、生活様式の一切に至るまでを撮影したり持ち帰ったりした。

同じ1975年、私は杉本さんとニューヨークのメトロポリタン美術館のコレクションを京都近代美術館に持ち込んだ「現代衣服の源流展」を担当した。小池一子さんのプロデュースによるもので、二十世紀の初頭、ポアレ、シャネル、ヴィオネたちがアール・デコの時代を競った華麗なファッションを一堂に集めた展覧会だった。

三宅一生さんもこの展覧会に熱心に参加した。一着一着にふれてみて布と服とはどんな関係にあるのかということを発見したようだった。それからの彼の仕事は一皮むけ、1988年パリで「アウン」と題してすばらしい展覧会を開いた。

その後本格的にプリーツの仕事が始まる。アーヴィング・ペンがイッセイの服を撮るのはそのころからで、北村みどりさん、金井純さんがニューヨークのスタジオにこもり、そのシーズンのハイライトを撮ってくる。それをポスターにするのは私の仕事だ。写真が届くのを待ちわびるこんな楽しい仕事が2000年まで続いた。

ところで内田繁さんは、杉本さんより一、二年デビューが早い。70年代のはじめ、新宿の一番館など最先端のビルにある美容院やディスコやバーを深夜に見て歩くツアーがあり、そこで知り合ったのが最初である。

そういう縁が重なって、東京デザイナーズ・スペースが生まれる土壌ができた。内田さんも杉本さんもみな私の企画に賛同し、バックアップしてくれたが、そういう意味で私は1970年以降、年上の人よりもむしろ年下の若い人と付き合うことが多くなった。

山荘の設計をしてもらった建築家の安藤忠雄さんもそうで、その後親しく付き合うようになった。

設計の際、もともと茶室の雰囲気が好きだった私は、コンクリート打ちっぱなしの壁にベニア板を貼った簡素な茶室らしき部屋を作ってもらった。

毎年夏に友人の内田繁さん、黒川雅之さん、伊東順二さんらとにぎやかなワインパーティを開いており、ある年裏千家の伊住政和さんたちをゲストに迎えることになった。

しかしその日はおりからの驟雨で外にも出られず、退屈まぎれに茶会でもやろうかとい

第2章 拡大するインテリアデザインの舞台

うことになった。抹茶はともかく古ぼけた風炉と茶碗、茶筅のほかはまったく何の道具もなかったが、それでもふとした遊び心で思わぬハプニングが始まったのである。

ガラスのコップにコルクのコースターを切り取って蓋を作って茶入とし、信楽の片口に木の葉をかぶせた水指、カクテル用のスプーンを茶杓にした。蝋燭を鉢に入れて灯をともす。茶を知らない私たちは、逆にそうした急ごしらえの仕掛けに興奮し、見立ての茶会に大満足したのである。

あまりの面白さに、「ワン・デイ・ワン・ショウ」のようなものができないかと友人たちに呼び掛け、私たちは原宿にあるクエストホールで1992年4月、「茶美会・然」を企画した。

茶室のデザインを内田さん、喜多俊之さん、杉本さん、崔在銀さん、今日庵の根岸照彦さんにお願いし、それら五つの茶室を包み込んだ全体の空間デザインを黒川さんが担当した。

全体が一つの茶室として整えられるよう配慮されていたが、突き当たりのバーを隠すために置いた白い大きな壁面をどうするか、問題が起きた。真っ白の壁そのままでは何とも白々しく、翌日に控えたオープニングにみなが困惑していた。

私はあることを思いついた。墨汁を五本ほどバケツに入れ、雑巾に浸し、真っ白の壁にただ一本の線を勢いよく描いた。その日はファッションショーに行く予定だったので、洋服を汚すと困る。私はパンツ一枚の裸になり、身体にビニールを巻き付けて筆代わりの雑巾を一気に運んだのである。

失敗したら明日のお茶会がだめになる。一瞬ためらったものの、吉原治良さんの舞台美術を担当していた頃に覚えた技である。全身墨汁だらけのパフォーマンスは意外に好評で、茶会に話題を添えることができた。

田中一光自伝『われらデザインの時代』
IV、六「本とデザイン」
（2001年3月／白水社）

Portrait
© Ikko Tanaka 2001 / licenced by DNPartcom

田中一光 Tanaka Ikko

Photo
安藤忠雄「田中山荘」（1985年）
撮影：白鳥美雄

1984（昭和59）年

● グリコ・森永事件
● インテリア・コーディネーター資格試験開始

056

Photo
粟辻博「ジテンシャ」(1982年) ／撮影：藤塚光政

第 2 章　拡大するインテリアデザインの舞台

057

Photo
(上) 粟辻博「オカ」(1981年) ｜ (下左) 粟辻博「サンスウ」(1981年)・(下右) 粟辻博「イチゴ」(1979年) ／撮影：藤塚光政

初期の仕事──バー・ラジオ

profile

杉本貴志（すぎもと たかし）
インテリアデザイナー
1945年東京都生まれ。68年東京芸術大学美術学部卒業後、73年(株)スーパーポテトを設立、商業空間のデザインを数多く手掛け、バー、レストラン、ホテルの内装デザインから、複合施設の環境計画、総合プロデュースまで幅広い分野で活躍。
主な作品に、「春秋」「響」「ジパング」等の飲食店の内装設計や、近年は、国内外のホテルのインテリアデザインを多く手がけ、主なものに「パークハイアット」（ソウル、北京）、「グランドハイアット」（シンガポール、上海、東京）、「ハイアットリージェンシー」（京都、東京）、「シャングリラ」（香港、上海）、「ベラジオ」（ラスベガス）等がある。84年、85年毎日デザイン賞連続受賞。85年インテリア設計協会賞受賞。武蔵野美術大学名誉教授。

大学を卒業してしばらくして、念願であったヨーロッパに旅行した。最初はデザイン雑誌主催のグループ旅行であった。北欧、ドイツ、英国、フランス、そしてイタリアを走るように回り、各地で新しいデザインのシーンを見せてもらった。当時は大きく変わろうとした時代で、日本で、つまり学生の頃、さまざまな雑誌で見聞きをしていた新しいデザインの流れのいくつかを自分の目で見た事と、何人かのそうしたデザイナー達に実際に会えた事で興奮していた。北欧ではマリメッコ、イタリアではエットーレ・ソットサスやジョエ・コロンボなどに会い、話を聞くだけではなく、彼らが今何をつくっているのか、あるいは新しく何をつくろうとしているのかを聞く事が出来て、ボルテージは否が応でも上がった。ヨーロッパでも新しいデザインはそれほど多くはなく、ほとんどは従来の考え方の延長線上にあったのだが、その中で彼らの姿は燦々と光り輝いて見えたのである。

帰国して日常に戻ったのだが、その後も機会を見つけては、イタリアや英国にたびたび行く事になった。一番興味深かったのは、彼らがつくっているものは勿論だが、それらは雑誌でも見る事は出来るし、むしろ雑誌の方がよりまとまって見る事が出来たのかもしれないが、それよりも彼らがどういう風に生活をしているのだろうかという事の方が大事で、どんな風に友と酒を飲むのか、どんな家で、あるいはどんな部屋で生活しているのか、家具や食器、身のまわりはどうなのだろうかという事が、興味深かったのである。

数回も同じ街を訪ねるとボチボチ友人も出来て、彼らの家に招かれて食事をしたり、レストランで待ち合わせをするようになった。そうしてみると、彼らの生活も大体は日本人である我々と違っていないのである。確かに着ている洋服は少々違っているし、靴を脱がずに生活するので家具はしっかりとしているにせよ、普通の人は普通に生活をし、それほど大きな違いはない。むしろ生活の場の幅が狭いだけなのである。たとえばミラノのある友人と食事をすると、ほぼ毎日イタリア料理である。前菜もパスタのメニューもそれほど変わらない。飲む物も僕らから見ると同じである。つまり彼らの生活、そして生活感は割りと狭いのである。それに比べると、僕ら日本人のスタイルは異様に幅が広くなったと言えるのではないか。

僕自身を振り返っても、小学校から中学校の途中までは畳の生活であったし、食事は家族で卓袱台を囲んでいた。夜になると押入から布団を引っ張り出し、その布団を敷いて寝るという事がごく普通であった。けれども中学校時代の途中から新しいタイプの家具が交ざり出し、椅子の生活が混在した。けれども夜は依然として布団であった。しばらくして引越しをして、かなり椅子が多くなり、トイレは水洗式のタイプに変わり、井戸もなくなった。冷蔵庫やテレビ、掃除機や洗濯機などの家電製品も徐々に生活に取り入れられたけど、基本的にはまだ日本らしい生活であった。

今の生活に完全に切り変わったのは、それほど昔の話ではない。恐らく20年か25年くらい前からで、家から畳のスペースがなくなり、食事や人と会う時も椅子に変わり、夜はベッドで就寝する。しかしまだ靴は玄関で脱ぎ、スリッパに履き替えている。僕の場合、食事は和食がベースであるけれども、その核心はご飯と味噌汁が多いくらいで、副食は和洋中が色々入り混じっていて、純粋に和食とは言えないのだろうし、こうしたスタイルがずっと続いているのである。和服を着る事こそ珍しいけれども、正月はおせちや雑煮を食べるし、今でも一杯のお茶を大事に飲んでいるし、ときには燗酒と塩辛が何よりだったりするのである。

つまり帰国すると、その差について考えるのである。ヨーロッパで感じる「生活」という事とそこから生じる望ましさ、それと日本で感じる生活とその幅広さにある無数のひだやそのひだに潜む魅力のようなもの、あるいは望ましさは一緒には出来ないし、それぞれではないだろうか。敢えて日本のもつひだに潜む魅力と仮に言うとすれば、その事を見つけ、そしてそれを表現する事が、我々のもつ大きな、そして他の民族には出来ない可能性であるのだ。

街に出てみると和服姿で歩く人を見る事こそ珍しいが、フランス料理やイタリア料理、あるいはアメリカン・スタイルであったり、タイ料理であったり、中国料理、韓国料理を見かける事は珍しくない。多くのマンション販売の広告を見ても、今では畳の生活は珍しくなり、国際的と言いながらもすべてが欧風である。

けれどもそういう場で生きている我々自身は、それほど変わってはいないのではないだろうか。外見とか生活スタイルは変わっても、古くからの歌や物語、芸能だけではなく、食べ物や建物、ちょっとした仕草、あるいは習慣、挨拶、気遣いなど、何か大きく流れているものがあって、鄙びた温泉に感じたり、田舎に行って村祭りに出会ったり、古い神社に懐かしさを覚えたり、桜の季節には桜の木の下で集まったり、そういう事がらに我々は無性に感じるのである。西行の一節、あるいは宮沢賢治の詩、萩原朔太郎や北原白秋に気持ちが動くのである。それらは日本を形に置き換えてみたり、説明があるというのではなく、この日本という風土で伝承され、生み出された「気分」なのだろう。

『無為のデザイン』
(2011年3月／TOTO出版)

Photo
「PASHU」(1983年)／撮影：白鳥美雄

1985(昭和60)年

● プラザ合意
● 科学万博「つくば'85」開催
● 日航ジャンボ機墜落事故

杉本貴志　Sugimoto Takashi

第 2 章　拡大するインテリアデザインの舞台

杉本貴志　Sugimoto Takashi

Photo
「バー・ラジオ」（1982年）／撮影：白鳥美雄

Photo
(上) 中田重克「ヒュッテ・アルト」(1982年) | (下) 岡本輝男「フォルマ・ヘアウェイズ」(1982年) ／撮影：白鳥美雄

第 2 章　拡大するインテリアデザインの舞台

063

Photo
(上) 北岡節男「Y's 松山」(1981年) ／撮影：白鳥美雄　｜　(下) 近藤康夫「ローブ・ド・シャンブル」(1981年) ／撮影：平井広行

064

Photo
(上)原兆英「カフェバー・プラス10・C」(1983年) | (下)コンセプト:川久保玲、設計:河崎隆雄「コム・デ・ギャルソン 松屋」(1983年) ／撮影:白鳥美雄

第 2 章　拡大するインテリアデザインの舞台

065

Photo
(上) 北原進「ビオマブチ青山サロン」(1983年) | (下) 北岡節男「メンズ・メルローズ」(1983年) ／撮影：白鳥美雄

自分のオリジナルを創り出す

石井幹子　Ishii Motoko

profile

石井幹子（いしいもとこ）

1938年東京都生まれ。
東京藝術大学美術学部を卒業後、フィンランド、ドイツの照明設計事務所に勤務。帰国後の68年、石井幹子デザイン事務所を設立し、都市照明からライトオブジェ、光のパフォーマンスまで、幅広い光の領域を開拓した、わが国を代表する照明デザインの第一人者。日本のみならず、世界各地で活躍する。作品は、東京タワー、東京港レインボーブリッジ、白川郷合掌集落、東京ゲートブリッジ、歌舞伎座ライトアップ等多数。また函館市、長崎市、倉敷市、鹿児島市の景観照明のほか、舞台照明、大型イベント等も手がける。北米照明学会大賞をはじめ、国内外での受賞多数。2000年秋、照明デザインへの貢献により、紫綬褒章を受章。著書に作品集のほか、『美しいあかりを求めて―新・陰翳礼讃』（2008年、祥伝社）、『光が照らす未来 照明デザインの仕事』（2010年、岩波ジュニア文庫）、『LOVE THE LIGHT, LOVE THE LIFE 時空を超える光を創る』（2011年、東京新聞）等。

　世界で初めてというものを創りたいと思うようになったのは、いつからでしょうか。たぶん、1970年の大阪万博の頃からではないかと思います。

　19世紀に国際博覧会が開催されたパリやロンドンでは、いつも新しい光が出現して話題を呼びました。特に1878年のパリ万博では、アメリカ館がエジソンが発明したばかりの電球をたくさん展示して、その驚くほどの輝きに、人々は目を奪われたと言われています。

　たしかのそれまでのガス灯に比べれば、フィラメントが煌々と輝くガラスの電球の出現は革命的だったことでしょう。以来、各国で1ワットあたりの光の量をいかに多くするかという研究がなされ、電球はまたたく間に普及していったのでした。

　以来、万国博では、新しい光源をデビューさせることに、大きな関心が寄せられました。

　1970年に大阪で幕を開けた大阪万博では、日本で初めて金属ガスを封入したメタルハライド・ランプが会場を飾りました。当時、新人だった私は、照明デザインという新しい分野で注目され、五つのプロジェクトに参加させていただきましたが、その中の一つに、会場の北側にひろがる広い日本庭園がありました。この庭園灯に私は新しいメタルハライド・ランプを使わせてもらいました。効率がよく長寿命のこのランプは、それまでの水銀ランプよりも、ものの色を自然に表現する性能が良かったため歓迎され好評でした。

　その後、私はいくつもの博覧会の照明に携わりましたが、その後も"世界で初めて"というものを登場させることに心を砕いてきました。以来、何か新しいものを創るということが、照明デザイナーの職能のように感じていたのでした。

　新しい試みで成功させるのに、まずエンジニアの協力が欠かせません。また、分からないことが多いので、事前に調査や研究を十分に行う必要があります。

　何かと苦労も大きいのですが、何といってもエキサイティングで、やりがいがあります。そしてでき上がった時の達成感と充実感はかけがえのないものなのです。モノ創りの醍醐味があるといっても過言ではないでしょう。

　大阪万博の次に取り組んだ沖縄海洋博では世界で初めて、海の中約1kmにわたって、メタルハライド・ランプの器具を沈めて、光の海―夜光海を出現させました。

　次の機会は1985年、筑波で開催された科学技術博覧会では、政府館のタワーの屋上から毎晩、緑と赤のレーザー・ビームを発射させ、来場する人々に光の新しい時代の幕開けを予感させたのでした。

　万博ではありませんでしたが、照明の分野では、世界中から注目を集めたのが、横浜市のみなとみらい地区にある横浜美術館前のグランモール広場です。

　1989年という早い時期に、太陽光発電によって得た電気を用いて、地面に埋め込んだ1万2千個のLEDを光らせるというものでした。

　この計画には、賛否両論ありました。まだ時期的に早いのではないかという心配の声もあがったのですが、進取の気性に富む横浜市の職員の方々が、強く応援してくれて実現したのでした。

地面に埋め込まれた太陽光パネルの発電容量は、わずかなものです。それに適合させるようにLEDの光はできるだけ電気の消費を抑えるために、ゆっくりと息づくように光を増減させました。

この照明デザインは、海外で高く評価され、アメリカの照明学会からその年の最優秀賞を受賞しました。

話を万博に戻しましょう。

その後、1989年に大阪で開かれた花と緑の博覧会で、私は電力館パビリオンのアート・プロデューサー兼デザイナーとして、光のすべて―美しさ、楽しさ、豊かさを見せるプロジェクトに没頭したのでした。

この時登場させたのが、100万個の光を一堂に集めた大空間でした。白熱電球、蛍光灯、ストロボフラッシュ、低ボルト電球に加えてLEDを初めて登場させたのも、この時でした（当時のLEDは赤と緑しかありませんでした）。ほかにはネオン管や光ファイバー、噴水と水の組み合わせなど、さまざまな試みをしましたが、大好評で民間パビリオンの中で入場者数第一位という記録がつくられたのは嬉しいかぎりでした。

光の演出をする時に、音は相乗効果を発揮します。光の動きに美しい音楽が伴うと、効果が2倍にも3倍にもなるのです。

この時の音楽は、坂本龍一さんが担当されました。素晴らしい音楽を得て光の効果は何十倍にも増したのでした。

『逆境の変換力』
（2012年8月／KKベストセラーズ）

Photo
（左頁）「沖縄国際海洋博覧会」（1975年）
（上）「東京タワー・ダイヤモンドヴェール」（2013年）

1986（昭和61）年

● 三原山大噴火
● チェルノブイリ原発事故

「人間のためのデザイン」という普遍的テーマ

日野永一 — Hino Eiichi

「トラクター」(1963年)

profile

日野永一（ひの えいいち）

1934年生まれ。
58年東京教育大学教育学部芸術学科工芸建築学専攻卒業。近代日本デザイン史、工芸史を主な研究テーマとして、都立工芸高等学校教諭、京都教育大学助教授、兵庫教育大学教授・同名誉教授、実践女子大学教授を歴任。日本デザイン学会名誉会員。日本学術会議第16～18期芸術学研連委員。元経済産業省産業構造審議会伝統的工芸品産業分科会指定小委員会委員長。『レンダリング入門』（鳳山社）、『デザインのたのしみ』（筑摩書房）、『デザイン（技術シリーズ）』（朝倉書店）、『木工具の歴史』（第一法規）、『京都の工芸—伝統と現代』（共編著／平凡社）、『万国博覧会の研究』（共著／思文閣）、『現代のデザイン』（共著／勁草書房）等著書多数。

デザインの分野

デザインに対する社会の関心が深まるにつれ、デザインの対象は拡大し、またデザイナーの専門も細分化される傾向にある。しかし、あらゆる分野にひろがっているデザインの領域も、その目的から考えてみると、次のように分類できよう。

1) 住むためのデザイン：
人間が生活を行うための空間を構成するデザインで、環境デザインとよばれることもある。室内の空間を構成するインテリアデザインをはじめ、住宅・商店・公共建造物など建物の分野、さらには造園・道路・橋などから都市計画までの大きなひろがりをもっている。

2) 使うためのデザイン：
人々が生活のなかで使用する道具のデザインを行う分野である。プロダクト（製品）デザインとよばれることもある。機械による大量生産を基盤とし口紅から機関車までといわれるほど広い領域を対象とする工業デザイン、陶磁器・金工・漆工などの伝統的な手仕事の技を中心とした工芸（クラフト）デザインなどを含んでいる。

3) 伝えるためのデザイン：
人々に視覚を通してさまざまな情報を伝えるためのデザインで、視覚伝達（ビジュアルコミュニケーション）デザインともよばれる。広告印刷物、出版物、展示（ディスプレイ）、映像（テレビ・映画など）、数多くの視覚情報の伝達媒体をその対象としている。

このようにデザインの分野は3つに大別できるが、実際にはその境界は明確なものではない。たとえば家具のデザインは環境を構成する一要素としてインテリアデザインのなかでも大きな位置を占めているが、一方人間によって使われる製品でもあり、工業製品としての家具も多い。また商店建築・博覧会のような大規模な展示などは、環境を形成するデザインであると同時に視覚伝達をも目的としている。

現実のデザイナーの姿としては、上の3つの分野がさらに専門化・細分化され、なかには商店建築を専門とする建築家、合成樹脂製品を扱う工業デザイナー、広告のイラストレーターというような狭い領域にその活動が限定される傾向すらみられる。これは、それぞれの分野において深い専門的な知識と技能とが

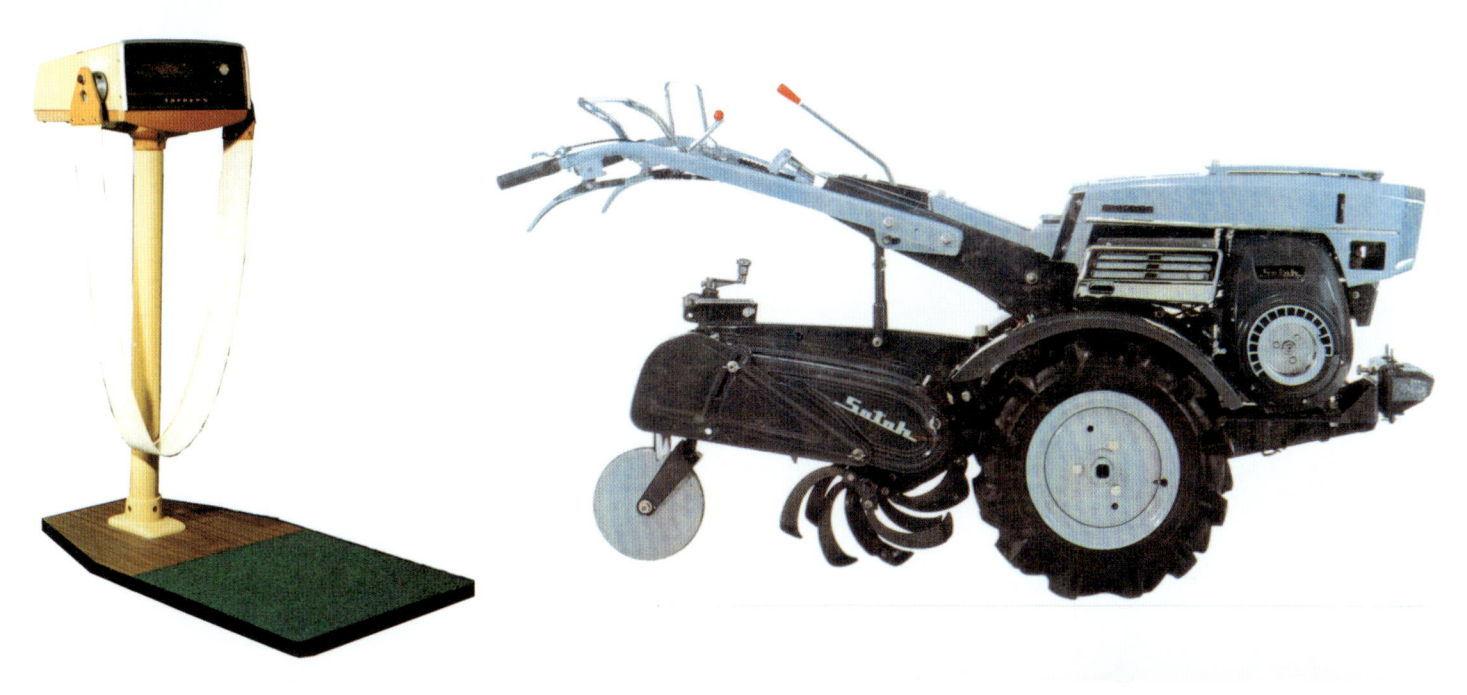

第2章　拡大するインテリアデザインの舞台

(左)「ベルトマッサージャー」(1967年) ｜ (右)「耕耘機」(1964年)

日野永一 — Hino Eiichi

要求され、またそのデザイナーの得意とする才能を発揮できるという利点もあるが、ややもすると全体的な視点が失われる危険がある。異なる分野のデザイナーによる協同作業や、新しい視点からの対象領域の見直しなど新しい試みも積極的に行われている。

社会とデザイン

現代社会のなかでデザインが重要な地位を占めてくるに従って、社会に対するデザインの影響も大きくなってくる。またデザイナーの社会に対する責任も、それだけに増大してくるのである。

一般にデザイナーは作り手、つまり企業の側の組織に立って、デザインを行うことが多い。企業の宣伝や製品のデザインを行うというように、その意味で企業に対し責任をもつことは当然である。しかし一方で消費者・使用者に顔を向けていることを忘れてはならない。誇大広告・過剰包装・欠陥商品は社会的に許されないが、これに加担したり、自己の表現欲を過度に満足させるために「用」を犠牲にし消費者・使用者に迷惑を与えることも避けるべきである。

さらに一歩進めて考えるならば、企業の利潤対象からはずされ、デザインの恩恵にあずからない人々、たとえば身体障害者・病人・子供・老人あるいは開発途上国の人々まで、デザインという手段を通してそれらの人々により人間的な生活を味わってもらおうという「弱者のためのデザイン」が考えられる。自己の利益を度外視して、こうした研究に打ち込んでいるデザイナーも決して少なくないのである。

デザインの様相は時代とともに変わっていくが、いつの時代でも"人間のためのデザイン"であることが忘れられてはならないのである。

技術シリーズ『デザイン』
「デザインとは」内
[4. デザインの分野] [5. 社会とデザイン]
(1981年／朝倉書店)

1987（昭和62）年

● 国鉄分割・民営化、JRスタート
● 利根川進、ノーベル賞受賞

070

第 2 章　拡大するインテリアデザインの舞台

Photo
(左頁・上) 藤江和子「ベンチ・クジラ」(1983年)
(左頁・下) 梅田正徳「レッドゾーン」(1983年)
撮影：白鳥美雄

Photo
近藤康夫「ポリゴン・ピクチュアズ」(1987年)
撮影：白鳥美雄

ひとと技術をつなぐデザイン

profile

川上元美（かわかみ もとみ）
デザイナー
1940年兵庫県生まれ。
66東京藝術大学大学院修士課程修了。
66年〜69年 アンジェロ・マンジャロッティ 建築事務所（ミラノ）勤務。
71年川上デザインルーム設立、現在に至る。
プロダクト、インテリア、環境デザイン等にたずさわり、ヒューマンなものづくり、環境作りを心がけている。また各地の地場産業や人材育成にも従事。東京芸術大学、金沢美術工芸大学、多摩美術大学等の客員教授を歴任。
主な受賞に「毎日デザイン賞」「国井喜太郎産業工芸賞」「土木学会・田中賞」「横浜まちなみ景観賞」「グッドデザイン賞金賞」「IF賞」等。主な展覧会に『ハイブリッド、そして光と翳と』展（ギャラリー間）、『インダストリアル・シンフォニー』展（クエストホール）、『MOTOMI KAWAKAMI CHRONICLE 1966-2011』（パークタワーホール OZONE）等。主な著書に『雅致―川上元美の家具』（六耀社）、『川上元美―人と技術をつなぐデザイン』（アムズ・アーツ・プレス）等がある。

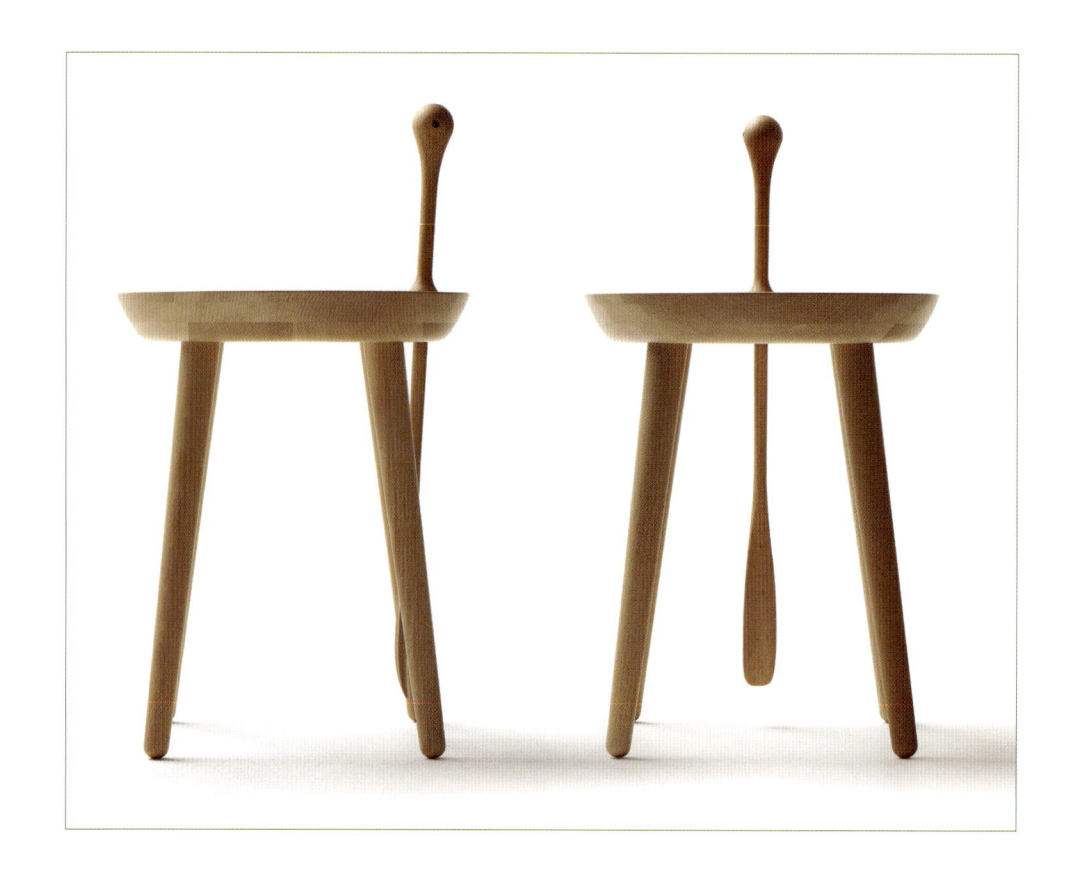

　学生時代、私は一冊の本と幸運な巡り合いをする。それは後に師と仰ぎ、彼の事務所で経験を積むことになる建築家、アンジェロ・マンジャロッティの作品集であった。

　その本に収められた作品は、多岐にわたる内容でありながら、見事ともいえるほど統一感があり、強靭な精神で貫かれていることに感動した記憶がある。そしてギリシャを規範とした美意識や、民族と民族が織りなして醸し出された歴史観にしっかりと裏打ちされた人間愛など、壮大なテーマもくみとれて、私自身を圧倒した。

　私はデザインとは、根無し草のように、時代と共に浮遊するものでは無く、個に発して、個を超えてある普遍に至りながらも、なお個が貫かれているものと解釈している。デザインは作品であることと製品であること、意匠性と機能性、"場"の規範をふまえた空間表現など、相反するものを究める力をも要求される。しかしその力こそが、人と道具、人と人との、また、人と場所や時間を快適へと導いてくれるものでもある。饒舌さや無意味なポーズのない、洗練された気品と質を持ち、人々を十分納得させるものであり、安らぎや感動を与えるものでありたい。

　また、デザインはいつも、その時代の論理、感性、技術を礎にして、「もの」や「ものごと」が表明される、また経済社会背景に左右されることも事実である。私自身の短いなりの道のりの中で生み出したものも、いま21世紀に入り、大幅な軌道修正をせまられている。良かれと思って選んだ素材や考え方は、今日の新しい判断の場に出される。

　その一つは、地球の「成長の限界」が示されたことによるだろう。「もの」を循環させる、「もの」の終焉を見届けるまで使いこむ、あるいは使い回す、といった精神を尊重する社会を構築することこそが急務であると思う。これは今後も「もの」をデザインしつづける私自身への大課題でもあるのだ。

　かつて私の父母の世代までは、自然に対する負荷を少なくして、ものを上手に使い回す、使い尽くす生活文化が受け継がれていた。しかし、かつては「かつて」である。今日の国際化時代のデザインの抱えるテーマは、より深淵化、輻輳化していく。

　今後、私が取り込めることがあるなら、それは「かつて」を愛しみながら、様々なジャンルの専門間の交流をより強固なものにすることだろう。その結果は「もの」自身の性能や質の向上はもちろん、有形無形の関係の仕組みへと拡大し、公共のデザイン、資源のリ

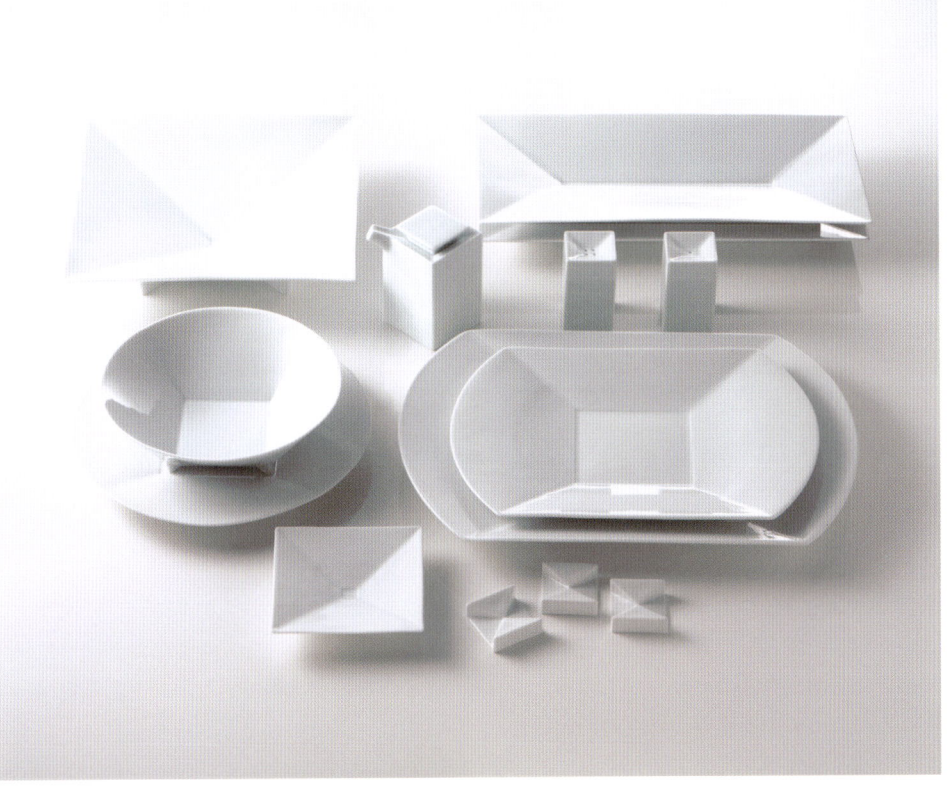

第2章　拡大するインテリアデザインの舞台

1988（昭和63）年

- リクルート疑惑
- 青函トンネル開業、瀬戸大橋開通
- ソウルオリンピック開催

Photo
（左頁）nissin「STEP STEP」（2008年）／撮影：越田悟全

（上）「有田HOUEN」（2005年）／撮影：越田悟全
（下・左）「沼津倶楽部」（2008年）
　　　　建築設計：渡辺明
　　　　家具・インテリア：川上元美
　　　　アートディレクター：小島良平
　　　　撮影：小川重雄
（下・右）arflex「NT」（1976年）／撮影：白鳥美雄

サイクルやリユース、万人のためのユニバーサルなどの概念を根底にふまえたデザインが、ごくあたり前に進行するといった大きな実りが期待できる。こうした交流のスケールをさらに広げ、匠、国際問題、精神病理学、公共事業、経済、宇宙開発、最先端医療、食品などなど、予想もつかない異なるジャンルを結び付けるその"結び役"として役に立ちたいという夢は捨てないでおこうと思う。なぜなら、これこそが時代を見据えながら人間の理性と美意識をいかに発揮できるかというデザインの根源的なテーマにゆきつくからである。

『川上元美 ひとと技術をつなぐデザイン』
（2002年／アムズ・アーツ・プレス）

大学のデザイン教育を憂慮する

profile

伊東豊雄（いとう とよお）
1941年生まれ。
1965年東京大学工学部建築学科卒業。
主な作品に「中野本町の家」「シルバーハット」「せんだいメディアテーク」「多摩美術大学図書館（八王子キャンパス）」「2009高雄ワールドゲームズメインスタジアム」「今治市伊東豊雄建築ミュージアム」等。
日本建築学会賞作品賞、ヴェネチア・ビエンナーレ金獅子賞、王立英国建築家協会（RIBA）ロイヤルゴールドメダル、高松宮殿下記念世界文化賞、プリツカー建築賞等受賞。
東日本大震災後、被災各地の復興活動に精力的に取り組んでおり、仮設住宅における住民の憩いの場として提案した「みんなの家」は、これまでに9軒完成、現在も数件の計画が進んでいる。
2011年に私塾「伊東建築塾」を設立。建築と社会のつながりを深める活動を行っている。
近著に『建築の大転換』（中沢新一氏との共著、筑摩書房）、『あの日からの建築』（集英社新書）等。

最近、大学の設計製図の授業に行くことがひどく憂鬱になり始めた。学生たちと話すことは好きだったし、いつの時代にも若者の発言には真理があると思ってきた。しかしどこへ出かけていっても、学生たちの建築をデザインすることへの思いの低さには愕然とする。大学からの帰途にはいつも空虚な気持ちになったりひどくみじめな気分になったりするし、やたらに腹が立つこともある。設計製図を教えている他の建築仲間と話していても、ほとんど皆同じように感じているようだから、これは決して私だけの偏見ではないと思う。

勿論すべての学生とは言わないが、その大部分に対してはともかくまじめさに欠けていると言わざるを得ない。定められたエスキスの日にやってこないとか、自分以外の批評には全く関心を示さないとかいった現象的ふまじめさにもあきれるのだが、最も愕然とさせられるのは彼らのあまりの社会性の欠如に対してである。建築を考える前提としての社会に対する認識のなさ、社会における一人の人間としての自覚のなさに対してである。どうひいき目に見ても小学生程度の社会性しか持ち合わせていないように見える。しかもこの幼児化は確実に毎年進んでいる。

これでは学校の課題を出してみても、美術館や集合住宅の課題を出してみてもおよそ建築のデザインなんて始まりようがないではないか。いくら教室や体育館のヴォリュームを組み合わせてみても、あるいは住戸ユニットの積み方を工夫してみても、ほとんどナンセンスではないだろうか。一人の生活者として都市や建築を眺め、生活者としての視点をベースに捉えない限り建築の設計なんて始まりようがないからである。

第二に感ずるのは、彼らの設計に携わるエネルギーの欠如である。エスキスや講評の前夜に何とかして仕上げてまとめ上げる集中力に決定的に欠けている。もともとデザインのテクニックなんてそんなにある訳ないのだから、彼らを支えるのはひたむきな情熱と若さ故の爆発的なエネルギーしかないはずなのである。にもかかわらず稀薄な設計をまるで他人事のように、わけ知り顔の評論家気取りで解説する学生を見ていて空虚な気分にならない訳がない。

今年の前半ニューヨークのコロンビア大学でグラデュエイトスクールの学生（大学院生）10数名を相手のスタジオ（設計製図）を体験した。彼らの多くは学部卒業後一度実社会を経験し、そこで自ら得た給料をためたり前借りをして高い学費を払っているのだから、スタジオへの期待度が日本の学部学生と違うのは当然であろうが、それ以上に彼らは設計することを生活の一部として楽しんでいる。それは決して単なるお勉強ではない。だから建築を考えることは彼らの生き方そのものの表明なのである。

ある日私の隣のスタジオでひとつの事件が起こった。隣のスタジオの学生たちは設計の手始めにグループで木片やスタイロフォームなどを組み合わせて、数メートルもある大きな得体の知れないオブジェをつくり上げ、それを製図室の天井に吊ったのである。ところが別のスタジオの一人の学生が、そんなものは建築ではない、そんなものが製図室に吊られているのは我慢できない、とある日吊っていたロープを切ってしまった。当然オブジェは床に落ち破壊した。

その後日譚もいろいろ聞くのだが、ともかく学生たちのこんな若々しいエネルギーは、60年代ならいざ知らず、いまの日本の学生には期待するべくもない。日本の学生たちは小学校以来の受験戦争でエネルギーを使い尽くしてしまっているのだから仕方ないとも言えるだろう。あるいは友達同士の関係を維持することに細心の注意を払い続けてきたからわけ知り顔になるのも仕方ないとも言えるだろう。

我が国の教育システムの構造的な問題が根底に存在しているのは言うまでもないのだが、日本でこうした教育を受けた学生たちも外国の大学でのスタジオになじみ、スタジオを楽しんでいるのを見る時、我が国の大学におけるデザイン教育ももう少しなんとかならないのかと痛切に思う。

我が国の大学では、学部の最終学年でもはやデザインを専攻しない学生たちも設計製図が必修科目となっていたり、逆に大学院ではほとんど設計製図が行なわれていなかったりするところに問題がありそうである。50人以上もの学生たちのデザインを一人の先生が指導するのはどう考えたってクレイジーだし、最もデザインのトレーニングが必要な修士課程でほとんどデザインをしていないのも不思議なことである。一体いまの大学は本当に真剣に建築家を育てようとしているのだろうか、とさえ思いたくなる。

1989（昭和64／平成元）年

- 昭和天皇死去
- 消費税スタート
- 天安門事件
- ベルリンの壁崩壊

Photo
（上・中）「せんだいメディアテーク」（2000年）
（下）「多摩美術大学図書館・八王子キャンパス」（2007年）
　　　提供：多摩美術大学、撮影：伊奈英次

設計行為はいかなる場合でも楽しく、かつ緊張に満ちていなくてはならない、と私は考えている。私の経験では、わずか2～3ヵ月の期間でも本当に真剣に学生たちとひとつの課題でわたり合えば、何人かの学生は必ず変ってくる。張りつめた空気のなかから社会を自覚する感受性が生まれてくるのである。いまの大学には教師と学生の間のそうした緊張に決定的に欠けていると思う。多すぎる学生、多すぎる先生の雑用、法外に安い講師料など問題は多々あるに違いない。しかしあの不景気に苦しむアメリカの大学が、高い航空運賃や滞在費まで払って海外から建築家を招き、レクチュアやスタジオを依頼するのを見ると、いますぐにでも我が国の大学も何か対策を講じないと、我が国の建築デザインが近い将来悲惨な結果を招くのは必至である。

『透層する建築』
「大学のデザイン教育を憂慮する」
（2000年10月／青土社）

Photo
「中野本町の家」（1976年）
撮影：多木浩二

第 3 章

文化領域としてのインテリアデザイン
―― 1990 年代以降

バブル崩壊とともに景気後退が急速に進行し、もともと商業施設に活躍の場が多かったインテリアデザインも過剰・華飾の時代を終える。社会経済的にはしばしば、90年代は「失われた10年」とされるが、デザイン界は2000年代にまで及ぶ「停滞する20年」。携帯電話、インターネットの爆発的な普及により、高度情報化社会が現実のものとなり、デザインも「差異の記号化」からさらに「メディア化」することに。造形的な表現から情報の一手段としての機能も求められるようになったデザインは、その意味と価値を変容させる。そうした変化に対する反動として、それまでごく一部のデザイナーしか問うことのなかったデザインの精神性や社会性、あるいは過去の歴史、伝統、日本的なるものへと回帰する現象がみられるようになる。また、1995年の阪神・淡路大震災、2001年のアメリカ同時多発テロ、11年の東日本大震災と原発事故、地球温暖化問題といった一連の事件、天災、人災は、人々の心に抗いようのない無力感を沈殿させ、より人間的なものを志向する流れを加速させた。その結果、インテリアを含めたデザインは近年、アート、建築、プロダクトといった職域の垣根を越えて、自由な表現の地平としてひとつの文化領域を形成する可能性を秘めている。

千住博「ウォーターフォール」(2007年/H230 x W 1000cm)／撮影：村上義親

「私」という建築手法を拡張すること

profile

隈 研吾（くまけんご）

1954年生まれ。
東京大学建築学科大学院修了。90年、隈研吾建築都市設計事務所設立。現在、東京大学教授。
97年「森舞台／登米市伝統継承館」で日本建築学会賞受賞、その後「水／ガラス」（1995）、「石の美術館」（2000）、「馬頭広重美術館」（2000）等の作品に対し、海外からの受賞も数多い。2010年「根津美術館」で毎日芸術賞。近作に「浅草文化観光センター」（2012）、「長岡シティホールアオーレ」（2012）、「歌舞伎座」（2013）、「ブザンソン芸術文化センター」（2013）、「マルセイユ現代美術センター」（2013）等がある。
著書に、『自然な建築』（2008年、岩波新書）、『小さな建築』（2013年、岩波書店）、『建築家、走る』（2013年、新潮社）等多数。また養老孟司氏との共著に『日本人はどう住まうべきか？』（2012、日経BP社）がある。

俗にゼロサン問題と呼ばれる、2003年をピークとする東京の再開発ラッシュにおいても、その根源にあるのは、公から私へという時代の大きなうねりである。ラッシュの引き金はまたしても公的主体の変質、構造転換であった。公的主体（たとえばJR、防衛庁……）が構造転換を余儀なくされ、そこで放出された都心の大規模な敷地が、ディベロップメントのトリガーとなる。要するにサプライサイドのお家の事情から話は始まったわけである。テナント、ユーザー、ビジターなどのデマンドサイドには都心居住、オフィスのIT化、外食化などの新しいお家の事情があるにはあるが、そのニーズがどこまで切実かは竣工のあとで結果がでる。

あとは、資金さえ調達できればディベロップメントはスタートする。資金調達の領域において、公から私への転換は最もスムーズできわだっていた。PFI（Private Finance Initiative 民間資金等の活用による公共施設の建設・整備）、SPC（Special Purpose Company 資産証券化のための特別目的会社）、債券化、ノン・リコース・ローン等、新たなテクノロジーによって、大小さまざまな私的主体からの資金を、ひとつのビッグプロジェクトに結集することが可能となった。公的主体の構造転換と資金調達手法の自由化との絶妙な遭遇。かくして東京のクレーン群の乱立が生まれた。公から私への転換のひとつの特異点にわれわれは生きているのである。そしてその特異点の産物である巨大なヴォリューム。そのデザインを行う主体は、いまだになぜかブランドである。有名ブランド建築家が「お約束」のデザインを反復する。なぜまだブランドなのか。

プロジェクトの巨大さが、またしても意味を持つ。巨大であることによってプロジェクト自身が公的性格を帯びる。一方資金調達は自由化が進み、「私」化が進んだ。このギャップを埋めるためにブランドが必要とされるのである。数多くの「私」を納得させるための最も安易な方法は、すでに社会的信用を確立したデザイン、すなわちブランドを反復することである。不動産会社、銀行、生保……、プロジェクトが大きくなればなるほど、多くの企業グループがプロジェクトに参加する。参加する主体の数がふえればふえるほど、既知のブランドの反復でしかコンセンサスは得られない。当のブランドの方としても、大衆が期待する「お約束」をたがえるわけにはいかない。しかも、多くの仕事が世界じゅうから集中すれば、個人の発想力には限界があって、いかにクリエイティブなブランド建築家でもかつての自分のデザインの反復という安易な方法に傾斜する。建築から創造性が消えていく。特にその場所、その場所の微妙で多様な条件をリスペクトしながら、一つずつユニークな解答を出していくようなねばり強いクリエイティビティーは消滅していく。建築とは本来がブランドの反復ではなく、個別で一回限りの解答の積み重ねだったはずである。それが建築と商品との差異であったはずである。これが、今日の建築家をめぐる第二の危機である。建築のブランド化のはてに、建築という存在自体に社会が幻滅する日が待っていないとも限らないのである。

第 3 章 文化領域としてのインテリアデザイン

Photo
(上)「アオーレ長岡」(2012年) ／撮影：Erieta Attali
(下)「Water Glass」(1995年) ／撮影：藤塚光政

　しかし、最大の危機はブランディングの、さらにその先にある。それぞれの「私」は、ブランド建築から、すでに覚めているのである。都市再生の大プロジェクトの資金調達に悪戦苦闘する企業人達は、いまだにブランドに依存する。しかし、プロジェクトという公的な現場とは縁のない等身大の「私」達は既成のブランドに頼らずに、自分の建築を、自分で考え、自分自身の手でデザインしたいと思いはじめているのである。

　手軽なところ、身近にある小さな建築からこの波は起こっている。自分の家は自分でデザインして、自分で作りたいと「私」が思うのはきわめて自然だからである。「私」化がいきつくところは、そこしかない。世界から閉じた「私」の城をつくるという形でスタートした「私」化の大きな流れは、いつかこの地点、

Photo
「Great（Bamboo）Wall」（2002年）
撮影：淺川敏

すなわち設計主体の「私」化というところにたどりつく運命にあった。一般誌における建築ブームの根底にあるのは、この願望である。建築ブームゆえの建築家の危機とはその意味である。これら一般誌の建築特集に登場する建築家達は揃いも揃って、いかに自分が専制的な独裁者ではなく、人畜無害の羊のようなコラボレーターであるかを強調する。デザインは、建築家一人でやるものではなく、住み手と建築家との共同作業（コラボレーション）の産物であると言わない限り、仕事は依頼されない。時にはコラボレーターどころではなく、助手でもなんでもやりますとまで言わなければならない。設計事務所の名称にも、個人名を冠するものははやらない。独裁者を連想させるからである。仲良しグループを連想させるほのぼのした名前でないと仕事の信頼はない。この手のグループ名を看板にする設計事務所はユニット派といわれる。

　この傾向は住宅にとどまらない。店舗デザインを建築家やインテリア・デザイナーに頼もうという人もまれである。オーナーのテイストで作った素人臭い素朴で完成度の低いインテリアが客からも喜ばれる。規模の大きな公共建築においても、同じように建築家は脇役にまわりつつある。まずは市民参加のワークショップの世話役を務め、市民がどんな建築を作りたいかというニーズをしっかりと聞

第 3 章　文化領域としてのインテリアデザイン

隈 研吾　Kuma Kengo

Photo
（上）「M2」（1991年）
撮影：浅川敏

き出さなければならない。そのやりとりを繰り返し、収束の方向が見えてはじめて専門的な図面作業がスタートする。

確かに、特権的な計画者とは呼びようもない。しかし、はたしてこれを建築家の危機と呼ぶべきだろうか。確かに建築家は主役の座からすべり落ちた。しかし世の中が建築に関心を失ったわけではない。誰もが建築に強い興味を持ち、多くの人が空間に対して高い知識とセンスを持つ社会がやってきたのである。建築の成熟といってもいいだろう。そしてその成熟は決して新しい状況とも言い難い。第二次大戦以前の日本では、木造住宅という領域の限定はあったにしろ、同様な成熟した建築文化が存在した。大工という名の、謙虚でしかもすぐれた専門知識を持つ建築家が建て主をサポートしながら、上質の建築をデザインし、建設していた。コンクリートの大規模建築の到来以前にはそのような成熟した建築文化があった。しかもそこでは見事に「私」が主役の座をしめていたのである。

現代の状況を、この建築文化の数十年振りのリカバリーと捉えることも可能であろう。まだ小住宅や店舗という限られた領域の中とはいえ、「私」の方法で作られた繊細な建築が少しずつ回復しつつある。残された課題は、この「私」という建築手法を、大きな計画、大きな建築まで拡張できるかである。

巨大なものは、依然ブランディングという手法に支配されている。そこには依然として大きな断絶があり、いくつもの高いハードルが残されている。しかし「私」という地道で着実な方法を鍛え、一歩ずつ広い領域へとひろげていく以外に、この都市という「公」を再生させる道はない。「公」から「私」へという時代の大きな転換点の中で、「公」「私」の矛盾をすべておしつけられ、決定的に犠牲にされてきた都市という暗部を、そのようにして少しずつ明るくはできないだろうか。

『負ける建築』
（2004年3月／岩波書店）

1990（平成2）年
● 大阪で「国際花と緑の博覧会」開催
● バブル崩壊
● 東西ドイツ統一
● 10月1日を「デザインの日」に制定
　（通産省／当時）

1991（平成3）年
● 湾岸戦争勃発
● 雲仙・普賢岳で火砕流
● ソビエト連邦解体
● 倉俣史朗、豊口克平死去

美を感ずる心

Photo
(左・上)
「MATCH FLAG PROJECT」(2010年〜)
(左・下)
「明後日新聞社文化事業部・
明後日朝顔プロジェクト」(2003年〜)

(下)
「海底探査船美術館プロジェクトOTOTOI丸」
(瀬戸内国際芸術祭2013)

Portrait
撮影：後藤充

profile

日比野克彦 (ひびの かつひこ)
アーティスト
1958年岐阜県生まれ。東京藝術大学美術学部先端芸術表現科教授。日本サッカー協会理事。
様々な地域の人々と共同制作を行いながら、受取り手の感受する力に焦点を当てたアートプロジェクトを展開し、社会で芸術が機能する仕組みを創出する。2003年越後妻有大地の芸術祭にて「明後日新聞社」「明後日朝顔プロジェクト」を開始、継続。10年「マッチフラッグプロジェクト」は14年W杯に向けワークショップを実施・継続中。13年「六本木アートナイト2013」にてアーティスティックディレクターを務めたほか、瀬戸内国際芸術祭2013「海底探査船美術館プロジェクト「一昨日丸／OTOTOI丸」や、川崎市岡本太郎美術館にて企画展「Hibino on side off side 日比野克彦展」を開催。

　「きれい」という言葉を発する時には、いろいろある。別に、絵とか工作の時間にとは限らない。理科で、顕微鏡をのぞいた時、社会科で、工場を見学した時、はたまた算数で、数字が割り切れた時だって、「きれい」という感覚に近いものを感ずることはできる。

　人間が社会生活を営む上での最低限のことを知るためにある義務教育ならば、人間が生きていく上で絶対必要な、美というものを感ずる心を、社会の中に存在していることを知らせるのが最も必要な美術の教育であると思う。美だけが独立してしまうと、学問になってしまう。

　そうではなくて、人間の体が進化したように、成長の段階には、美というものが重要な役割を果たしている。学歴社会、偏差値教育の中において、とかく、「美術」というものは外様扱いされがちであるが、これは非常に危険な傾向である。優秀な能力を育てるには、人間の脳が最も得意とする、「美を感ずる心」というものを引き出していかなくてはならない。今のまま21世紀も同じような教育を続ければ、人間は己自ら、人間に終止符をうってしまうであろう。

　美という意識が、人間同士の思いやり、助け合い、いたわり合いを形にしてくれるのである。美術、工作というのは、手先の技術の問題では当然なく、そして、でき上がった作品の善し悪しでもなく、図画工作、美術で感じた美を、ほかの授業でも、また、自分の日常生活でも、人間関係でも、応用できる心を育てることである。

『ひー ESSAY OF KATSUHIKO HIBINO』
「美を感ずる心」(1999年1月／淡交社)
※初出は『造形ジャーナル』
(1996年4月号／開龍堂出版)

第3章　文化領域としてのインテリアデザイン

083

Photo
（上）梅田正徳「ゴアテックス本社」（1990年）｜（下）北原進「京王プラザホテル イタリアンカフェ［ロ・スパッチオ］」（1990年）／撮影：白鳥美雄

Photo
埼沢孝「畔居」(1992年)
撮影：白鳥美雄

第 3 章　文化領域としてのインテリアデザイン

Photo
水谷壮市「STADIUM」(1993年)
撮影：白鳥美雄

これまでの50年、これからの50年

原 兆英 Hara Choei

Photo
「やよい歯科医院」大分県（2010年）／撮影：白鳥美雄

profile

原 兆英（はらちょうえい）
インテリアデザイナー

形の美しさを表現する以前に、人間としての思いやり、気遣いをデザインに生かし、本質を見失わず、ハーモニーのとれた心地よい空間を創ることを、自分の生き方として、作品に投影していきたいと考える。東京生まれ。
1971年、インテリアデザイン事務所として、ジョイントセンターを設立。商業施設、オフィス、住宅、医療施設等多岐にわたるワークフィールドをもつ。98年、ジョイントセンターのデザイン活動をグラフィックデザイン、プロダクトデザインに広げる。主な受賞歴は、「日本インテリアデザイン賞 優秀賞」「商空間デザイン賞 優秀賞」「ディスプレイデザイン年賞 優秀賞」「ディスプレイ産業大賞 優秀賞」「商環境デザイン年賞 優秀賞」「日本産業デザイン振興会2002年・2005年度 グッドデザイン賞」「インテリアプランニングアワード 2012年度 優秀賞」「第8回スペースデザインコンテスト2012 グランプリ」等多数。

インテリアデザインに求められるもの

この半世紀を振り返れば、社会は大きく様変わりしました。私たちがたずさわるインテリアデザインの世界も変貌しました。特に21世紀以前の傾向は、人間不在のデザインがもてはやされていた気がします。それはデザイナーの「作品」としての側面が強く、本来、その空間の主役である人間が置き去りになってきたデザインというのは言い過ぎでしょうか。

私がこの世界に身を投じた1970年代は、手仕事や美術工芸からの脱却、装飾を廃するポストモダンを指向する時期を目前に控えた頃でした。さらにバブル経済を迎えた1990年代は、新素材やコンピュータを駆使したデザイン、また機能性や簡素さを重視したミニマルデザインが主流となりました。折からの好景気と相まって、インテリアをはじめとする様々なデザインが爛熟期を迎えたのです。しかし、当時を思い起こせば、果たしてどれだけの空間が評価され、今なお残っているでしょう。いくつも目にすることはできないはずです。

時代の変化に左右されない価値を探して

インテリアデザインは、社会の変化とともにその姿や価値を変えますが、20世紀末期のそれはいかにも刹那的でした。今、かつて花開いたモダンデザインが再評価されている事実は、おそらく過剰なデザインへの反動や批判ではないかと思います。

例えば、日本だけではなく、世界的にイームズをはじめとするミッドセンチュリーのデザインが注目されている動きなどをみれば、前衛的・先鋭的なデザインよりも懐古的な表現に向かっている流れに気付くはずです。

たしかにデザイナー個人における空間の創造は、ひとつの「作品」づくりに違いありません。インテリアデザインを志す者にとって、クリエイターの自己表現の手段でもあるのも事実です。一方で、施主の皆様にとって空間は大切な資産であり、ビジネスやパーソナルな空間として有為の価値が期待されています。言い換えれば、繁盛する商業空間でなければいけないし、利用者に快適な居住空間であることが、空間の核心にあって然るべきです。これを忘れた空間は、どこか温かみのない空

虚な装置になってしまいます。とは言え、懐古的なデザインばかりでは進化はありませんし、生きた空間として現代的な価値を持たせることも難しいでしょう。

ここで、私の経験からかつてのインテリアデザインを俯瞰してみます。まだ私が駆け出しのデザイナーだった1970年代は、大阪で万国博覧会が開かれ、パビリオンの建築デザイン、ハイテク製品の展示などを通じて輝かしい未来を夢見る時代だったのです。

時代はポストモダンが一世を風靡することとなり、現代美術や音楽シーンでもデジタル化の波が押し寄せてきました。こうして文化芸術が先鋭化するカウンターカルチャーが日本でも顕在化する中で、インテリアデザインも多大な影響を受けました。既存の価値観にないポップな色使い、プラスティックなどの新しい素材の導入など、空間のみならず、暮らしそのものが常識に縛られない方向に進みました。当時はそれを良しとされていました。しかし、うたかたの時代状況に支えられた空間は、デザイナー任せにされた歪さを感じさせるものでした。価値が揺れ動く時代にあっては、それは息の長い空間とならずに、やがてバブル経済とともにポストモダン的なデザインも終焉を迎えたのです。

こうした流れの中で私はインテリアデザインと向き合い悩むことで、ひとつの確信を持つことができました。

言葉で伝えきれないものを空間に投影する

時代の変化、多様化する価値観の潮流とともに、私は40数年間をデザイナーとして過ごしながら意識してきたのは、そのように空間と向き合い、その空間を利用する人に何を提示できるかということでした。

インテリアデザイナーにはアーティストとしての側面もあります。仮に施主がトレンド空間を望んでいれば、つい「作品」としてのデザインを指向する傾向もあるでしょう。しかし、こうした仕事には、どうしても違和感を感じてしまいます。「最終的に空間を評価するのは利用者である」ことを忘れ、思いつきや一時の流行で構築された空間には、デザイナーの仕事の核心にあるべき「言葉では伝えきれない思い」を見出すことはできません。

ここ数年は、この考えにますます確信を持っています。空間は無言ではあっても空間に存在する人に向けて雄弁に語りかけます。本当に伝えなければならないことをデザイン表現することの重要性をひしひしと感じています。デザインする空間に、その空間に存在する人々が、何かしらの発見や驚き、新しい価値に気付いてもらってこそ生命を吹き込むことができると思わずにはいられません。

いつも空間の主役は人でありたい

最近手がけたオフィス空間のデザイン、あるいは医療空間のデザインにおいても、私の目指したのは、人が人として心地よくあるためのデザインでした。機能性や快適性を求めるのは当然ですが、そこには『人としての喜び、活気、心地よさなどを体現すること』を常に意識しています。

空間の主役が人間である以上、時代の変化と人の価値観はシンクロしています。だからこそ、今この時だけに捉われることなく、その先にあるものを考えなくてはならない。「言葉で表現しきれない想い」を翻訳できてこそ、自分自身の想いを空間に投影したデザインが可能になるのだと思います。これがインテリアデザイナーが担う大きな役割だと信じています。これまでも、そしてこれからも、私は時代を超えて価値ある空間を創造するために、声にならない想いを受け止めるコミュニケーション、そして、人の想いを受け止める感性や優しさを大切にしていきたいと願っています。

Photo
「カルチュア・コンビニエンス・クラブ株式会社 本社オフィス」
(2013年) ／撮影：白鳥美雄

1992（平成4）年
- 日本人初の宇宙士・毛利衛、宇宙へ
- 日本インダストリアルデザイナー協会（JIDA）発足40周年

1993（平成5）年
- 欧州連合（EU）条約発効
- サッカー・Jリーグ開幕
- 北海道南西沖地震、奥尻島等で被害
- 非自民、細川連立内閣発足

1994（平成6）年
- 松本サリン事件
- 大江健三郎、ノーベル賞受賞

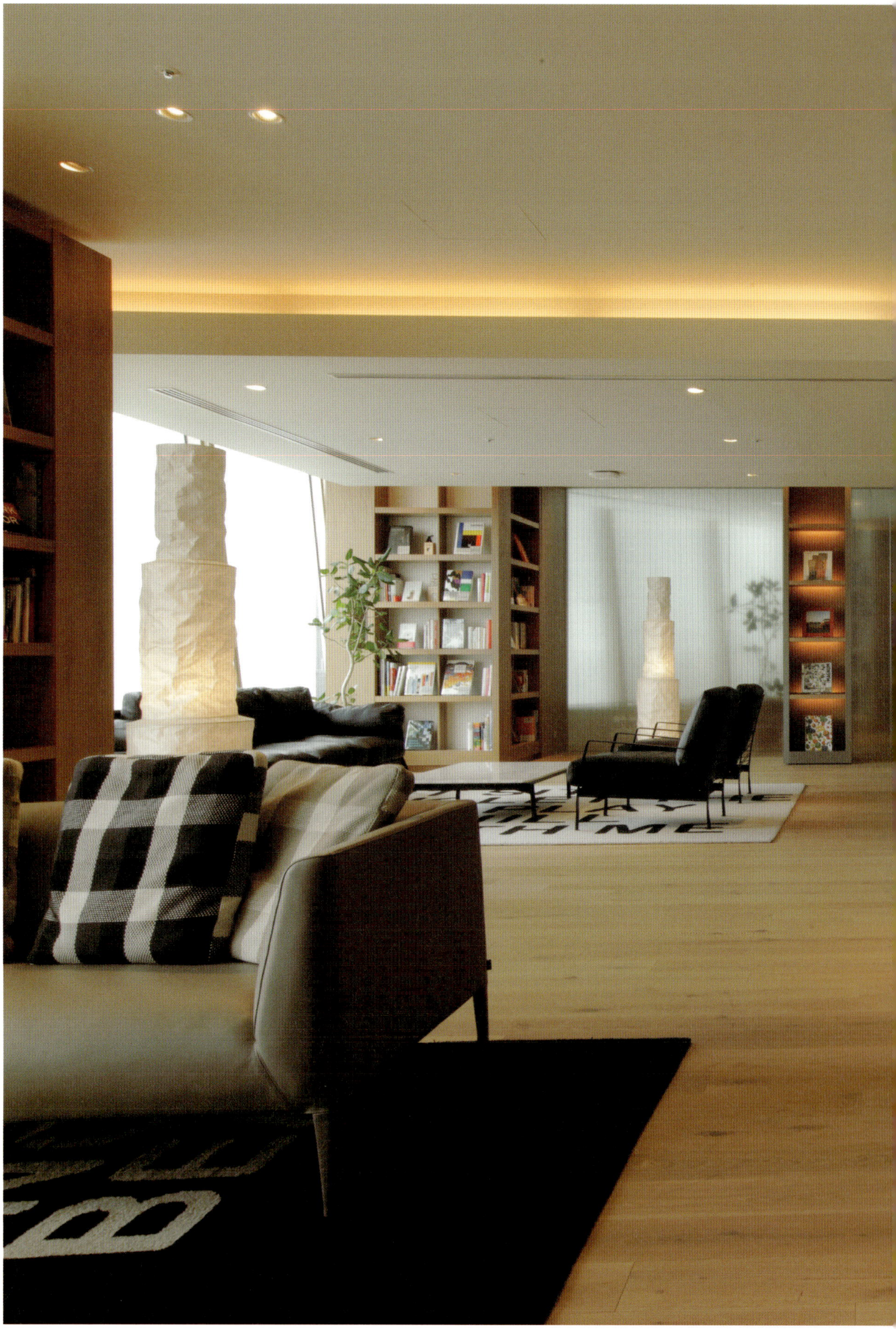

第 3 章　文化領域としてのインテリアデザイン

原 兆英　Hara Choei

Photo
「カルチュア・コンビニエンス・クラブ株式会社 本社オフィス」(2013年)／撮影：原兆英

Photo
(上・右頁)
飯島直樹「資生堂コスメティックガーデン表参道」(1994年)
撮影：白鳥美雄

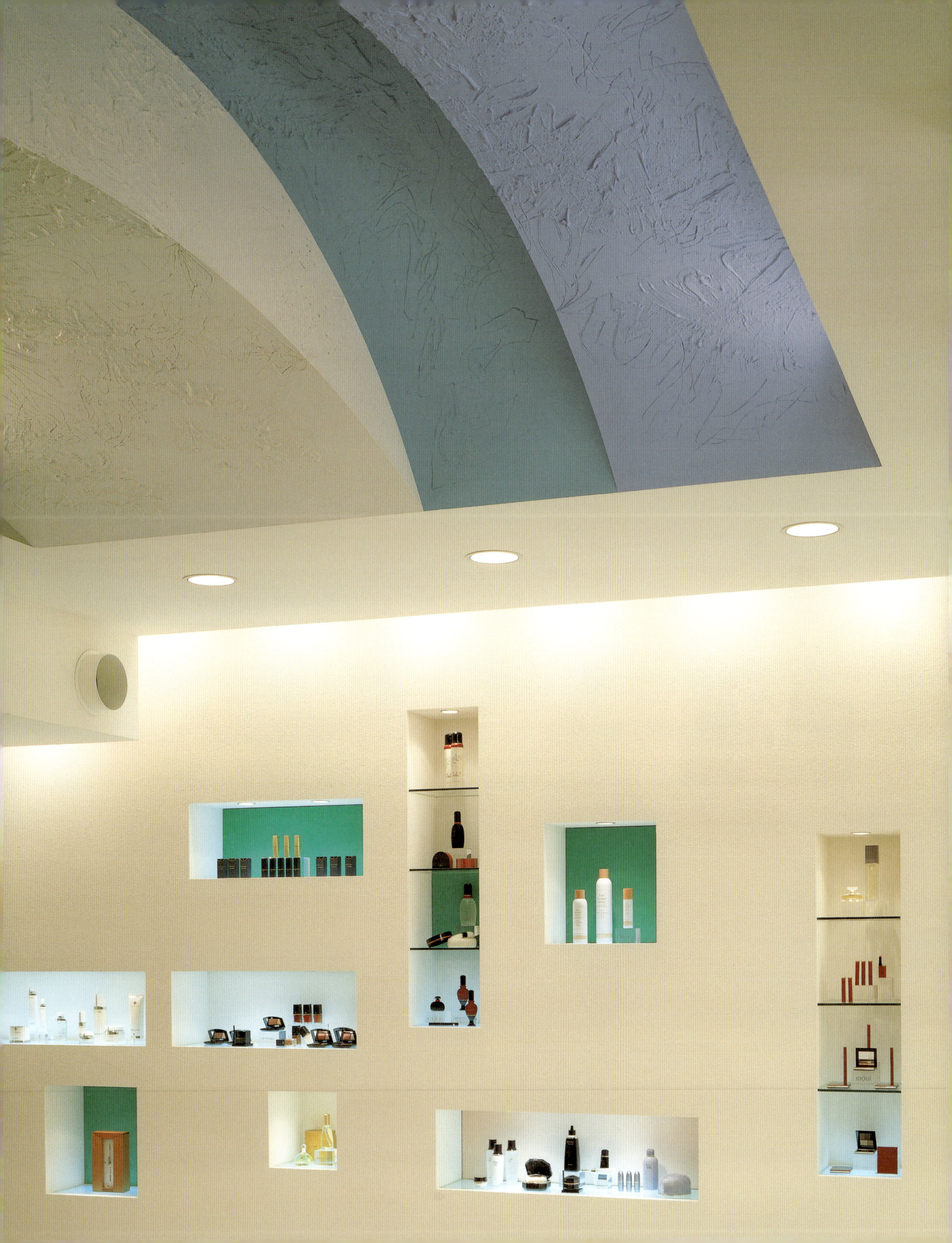

車両のデザイン

松本哲夫　Matsumoto Tetsuo

Photo
E2系「あさま」

profile

松本哲夫（まつもとてつお）

1929年東京生まれ。
53年千葉大学工学部建築学科卒業後、通産省工業技術院・産業工芸研究所入所。57年剣持勇デザイン研究所チーフデザイナー。71年同社代表取締役。77年剣持デザイン研究所に改組。毎日産業デザイン賞、同特別賞、日本インテリアデザイナー協会賞、国際インテリアアーキテクト/インテリアデザイナー連合-IFI大賞等、受賞多数。主な作品に、ホテル日航サイパン、三井アーバンホテル大阪ベイタワー、京王プラザホテル、山形市庁舎、日本IBM各オフィス、大東町コミュニティセンター＋摺沢駅舎、伊那食品工業株式会社仙台ショップ他のインテリア。輸送機関では、JAL B-747、政府専用機、日本郵船飛鳥、JR東日本・JR東海新幹線電車、同特急・寝台特急、JR東海リニアモーターカー MLU-00X等のインテリアを手がけたほか、プロダクトデザインとして、トラクター・コマツ、吹上御所家具、ヤクルト容器、量産家具等がある。

　子ども時代には電車の運転士に憧れた記憶がある人は多いのではないだろうか。まさか40代後半から鉄道車両のデザインに関わるとは思ってもみないことであった。現在までにJR東海とJR東日本の一部を除く全新幹線車両に関係した。さらに、スーパーひたち、スーパーあずさ、スーパービュー踊り子、寝台特急カシオペア、サンライズなど、多くの車両をTDO（Transport Design Organization）という組織を立ち上げてデザインしてきた。

　車両にデザイナーを起用したのは、旧国鉄時代に始まる。1979年から国鉄解体までの約10年、当時の高木文雄総裁からの「工作局事務取り扱いを命ず、但し無給とす」という世にも不思議な辞令を手にした3人、木村一男、手錢正道と私（これがTDOのコアメンバーになる）。当時、国鉄工作局の下に車両設計事務所があり、そこのデザイン専門委員になり、東北新幹線用車両や東海道用の100系新幹線用一部2階建て車両について発言を求められた。実は国鉄ではこれより前に「旅客サービス設備近代化」をテーマとする研究を日本鉄道車両工業会に依頼し、小原二郎先生を委員長とする研究委員会が組織され、私も参加した。1973年、1年目は広い範囲から問題点を拾い上げ、それを多方面から検討し、重要度に応じて分類しその中から実施可能なテーマを数課題に絞って1974〜75年にかけて報告書にするという工程であった。

　私が主査としてまとめたのは、「通勤用7人掛け座席の有効利用の提案」というテーマであり、他の主査は「長距離用と近距離用座席の特性」、「車内の座席配置」、「室内デザインの嗜好」、「車椅子に対する適応条件」がテーマであった。

　7人掛け座席に、7人が掛ける場合と6人が掛ける場合の比率は75％：25％。総武線千葉駅始発上り電車調査の結果で、空の電車に乗客はどこから座るかについて180例を見た。7人掛けロングシートは、ひとり分43cmの7倍の内法を持ち、3人掛けと4人掛けに分割されている。最初のひとりは23〜33％の割合でどちらかの端に、次の客は同率で他端、3人目の客は12〜14％で真ん中辺りに座る。この客の位置が7人が掛けるか6人が掛けるかの決定に大きく関係する。この場合、3人と4人掛けのシートの継ぎ目を意識するか？まず左右の端部、隅の席を好むのは、外からの防御、落ち着き、降車時の戸口への最短距離などが理由として挙げられる。次に中央に席を選ぶ、左右の着席者から等距離を保つという無意識な行為の意味は、エドワード・ホー

Photo
E26系「カシオペア」

1995（平成7）年
● 阪神・淡路大震災
● 地下鉄サリン事件
● 世界貿易機関（WTO）発足

1996（平成8）年
●「O-157」による集団食中毒が各地で発生
● ペルー日本大使公邸人質事件

1997（平成9）年
● 神戸小学生殺傷事件
● 香港、イギリスから中国に返還

ル（1914-2009）による個体距離と社会距離なのか。われわれは、座席の構成を3人:1人:3人として、真ん中の席を意識させる。次に、2人:3人:2人にして握り棒（スタンション）を2本入れることによって端部がふたつできることに気付いて、実験的に車両に仮設してみて、これを可とした。またどの長さで何人座れるか目視で判別する実験をした結果、2人、3人掛けは認識できるが、4〜7人掛けになるとかなりばらつきが多いと理解した。このような地道な調査によって導き出された結果は、時間をかけて実現しつつあり、最初は中央部だけ色違いひとり分をつくる方法が採用され、現在は山手線に見られる握り棒のついた2人:3人:2人の座席が成功している。

私は鉄道車両以外に、JAL-B-747、政府専用機、NYK客船飛鳥-Ⅰなどのインテリアデザインも手掛けたが、これらすべては、地方自治体の庁舎で市民のための庁舎をデザインした経験を活かして、クライアントのためよりも、不特定の乗客のためにサービスできるデザインを提供することを心掛けた。

「新建築」
連載エッセイ「戦後デザイン事始」4
（2010年11月号／新建築社）

Photo
（左・上）E2系「あさま」
（左・中）「N700系」
（左・下）「N700系G車」

Photo
(上) E26系「カシオペア」ラウンジカー
(下) E26系「カシオペア」特A個室

第3章　文化領域としてのインテリアデザイン

人間の五感に寄り添う創造を

「両国駅広小路総合計画」(2013年)／総合プロデュース・デザインディレクション：北山創造研究所
(上)整備後 ｜ (下)整備前
Photo

profile

北山孝雄（きたやま たかお）
北山創造研究所 代表

どんな生活を実現したいかを発想の原点に、人を軸にしたまちづくり、くらしづくりを手掛ける。代表的なプロジェクトに徳島しんまちボードウォーク、亀戸サンストリート、海老名ビナウォーク、三井越後屋ステーション、ココラフロント、東急ハンズトラックマーケット、群馬県草津温泉「御座之湯」(2013年4月完成)、両国広小路(2013年4月完成)、肥後銀行本店(2015年完成予定)。主な著書に『まちづくりの知恵と作法』『24365東京』『このまちにくらしたい うずるまち』。「2007毎日デザイン賞」受賞。

　巨大な高層オフィスや商業施設が続々と建設されていますが、私たちはもう一度自分の日常生活を見つめ直し、「一」という単位でものづくりを考えていかなければいけないのではないでしょうか。

　また空間を分断して考えず、街を、ランドスケープを、建築を、そしてインテリアをつないで考察することが重要でしょう。そしてIT化が急速に進んだ今、原点に立ち戻り、人間の五感「視／聞／嗅／味／触」に寄り添った創造活動を行うべきでしょう。

Photo
(上) 北原進「京王プラザホテル八王子」(1994年)
撮影：白鳥美雄

第 3 章　文化領域としてのインテリアデザイン

Photo
高取邦和「バー松下」(1995年)
撮影：白鳥美雄

アートを「共有」し、「つながり」を生む

妹島和世 Sejima Kazuyo

profile

妹島和世（せじま かずよ）

1956年茨城生まれ。
81年日本女子大学大学院修了後、伊東豊雄建築設計事務所入所。87年妹島和世建築設計事務所設立。95年、西沢立衛とSANAAを設立、両事務所の代表。日本建築学会賞（2度）、毎日芸術賞、ベネチア・ビエンナーレ建築展・金獅子賞（最高賞）、芸術選奨文部科学大臣賞、また2010年には女性として史上二人目のプリツカー賞受賞等、受賞多数。12年12月、設計した「ルーヴル・ランス」がオープンし、話題を集めた。

アート空間が生み出す、人的、時間的「つながり」

アートを活発にすれば自ずと経済も活性化する、文化と経済は車の両輪であるといわれます。結果的にはそういう部分もあるとは思います。経済の活性化は重要ですし、結果的にはいいことだとは思いますが、その前にいろんな方々がアートを通して「共有」できるということが重要なのではないかと私は捉えています。

たとえば、2012年12月にオープンした「ルーヴル・ランス」。ランスという町はフランスで二番目に貧しいところです。エリアとしても、第一次世界大戦時の戦場で土地が荒廃し、その後、産業の中心だった炭鉱の衰退など、本当に荒れ果てたところです。そこに美術館をつくるということは、行政や国からすれば、経済的なことも当然視野に入っていたと思います。美術館に人が来れば、緩やかでも町は発展しますから。

ではどのような美術館をつくればいいのか？　ルーヴル側が企画したのは、紀元前3500年から19世紀半ばまでという気の遠くなるような年月の、また広範囲の地域のコレクションを、巨大なワンルームのようなギャラリーで一度に観せるということでした。その企画に、私も設計という立場で関わってきましたが、ルーヴルの人たちがよくいっていたことは、「自然光を入れるか、窓をつくるかなどで、現実社会につながっている見せ方にしたい」ということでした。それが今回のコンセプトでもあり、私はこれを、エントランススペースのガラス張り、総延長約120メートルにわたる展示スペース「時のギャラリー」のデザインで表現しました。

ここで来館者は、単に美術を観るのではなく、きっと壮大な地球や人間の歩みを目の当たりにし、自分たちはその先に「つながっているんだ」と実感するのではないでしょうか。つまり、私たちはずっと昔から「つながって」いて、そして現在があり、またこの先の未来に「つなげていくんだ」ということを、強く感じさせる展示になっていると思います。もっといえば、そういう長い時間を感じることによって、未来のことを考え始めるきっかけになるのではないか。具体的に展示を観ていくと、異文化を学んだり、尊敬の念をもつよう

第3章 文化領域としてのインテリアデザイン

妹島和世 Sejima Kazuyo

「ルーヴル・ランス」（2012年）／co - auteurs du Musée du Louvre-Lens : © SANAA / Kazuyo Sejima et Ryue Nishizawa - IMREY CULBERT / Celia Imrey et Tim Culbert - MOSBACH PAYSAGISTE / Catherine Mosbach｜Photographie © Hisao Suzuki

1998（平成10）年
- 長野冬季オリンピック開催
- サッカー日本代表初のW杯（フランス）出場

1999（平成11）年
- 東海村・核燃料工場で国内初の臨界事故発生
- 2000年（Y2K）問題

になるなど、地域がつながっていく様子がわかりますし、いろいろな異文化の積み重ね、「つながり」が、現在に向かって徐々に築かれてきたことがよくわかります。

その場所にいろいろな人が来て、一緒にアートを観ることによって、人びとは「つながり」を感じることができます。それが現在だけではなく、過去から未来までずっとです。ひとりひとりが責任を担っているし、参加していく権利ももっている。それは「ルーヴル・ランス」のような恒久的建築空間だけでなく、アートイベントといったさまざまなアート空間にもいえることだと思います。

建築そのものがランドスケープになる

「ルーヴル・ランス」は、5つの建物がつながって出来ています。その5つは地形に合わせてちょっとだけカーブしています。また平らな土地のようにも見えますが、じつは4メール弱の高低差があります。土地の勾配に合わせて屋根も片流れになっていて、床もちょっとだけスロープにしています。

たとえば、町並みを見て歩くということは、「これを見て、次はこれを見る」といったように、区切ったものではありません。その町の駅に下りて、広場や公園を通るなどの体験がずっと続くものです。同じく美術館やアート作品も、町に着いて、道を歩いて、ギャラリーに行き、それからアートの前に辿り着くというように、体験が連続したものなのです。私は、そういう連続感を、展示室といったインテリア空間にしても、建築にしても、つくっていければと思っています。「建物はこうあるべきだ」と、それにあわせてデザインしていくのではなく、いわば、連続する経験の一部が建物であるような、ある意味で建築そのものがランドスケープになるような、そういう場所をつくっていきたいと考えています。

よく私の作品は「ガラスが多くて、視覚的に外と内が連続しているんですね」といわれます。しかし「視覚的な連続」というよりは、大切なのは「その場にどう建てるのか」。昔から「コンテクストを考える」といわれますが、それをもっと「つながったもの」にしていきたいということが、常に頭の片隅にあります。それが「小さな住宅一軒でもできるのか？」と問われれば、「できることはあるはずだ」と私は思うのです。（談）

「Cultivate No.40」
（2013年2月／文化環境研究所）

Photo
金沢21世紀美術館（2004年）／写真：ピクスタ

第 3 章　文化領域としてのインテリアデザイン

妹島和世　Sejima Kazuyo

Photo
（上）「ルーヴル・ランス」（2012 年）／ co - auteurs du Musée du Louvre-Lens : © SANAA / Kazuyo Sejima et Ryue Nishizawa - IMREY CULBERT Celia Imrey et Tim Culbert - MOSBACH PAYSAGISTE / Catherine Mosbach｜Muséographe : Studio Adrien Gardère｜Photographie © Iwan Baan
（下）「ルーヴル・ランス」（2012 年）／ co - auteurs du Musée du Louvre-Lens : © SANAA / Kazuyo Sejima et Ryue Nishizawa - IMREY CULBERT Celia Imrey et Tim Culbert - MOSBACH PAYSAGISTE / Catherine Mosbach｜Photographie © Iwan Baan

神聖なる空間の出現を求めて

Portrait
撮影：田中和人

profile

千住 博（せんじゅ ひろし）
画家
東京藝術大学大学院修了。
2007年〜12年京都造形芸術大学学長を務める。1993年米国の美術誌「ギャラリーガイド」の表紙を飾る。95年ヴェネチア・ビエンナーレ絵画部門にて名誉賞を東洋人として初めて受賞。98年より大徳寺聚光院の襖絵制作にとりかかり、2002年の別院完成に引き続き、13年、京都本院の襖絵全てが完成。公開は15年予定。06年フィラデルフィア松風荘襖絵完成。10年東京国際空港（羽田空港）拡張工事に伴い国際ターミナルのアートプロデュースを手がける。またAPEC2010の絵画を担当。光州ビエンナーレ、成都ビエンナーレに出品。現代における代表的な絵画の担い手として注目される。代表作に「フラットウォーター」シリーズ、「ウォーターフォール（滝）」シリーズ、「クリフ（崖）」シリーズ等。近年はオペラや舞踊の舞台美術も手がけている。

　インテリアデザインという概念が新しく生まれたものであるという考え方は捨てた方がいい。

　インテリアデザインの概念は今から2万4000年前、人類が洞窟で暮らしながら、その天井や壁に絵を描いたり、壁に彫刻をほどこしたりしていた氷河期に既に成立していた。その創造性や見事な室内空間の認識は様々な時代に検証が重ねられ、評価を不動のものとして今日に至っているのだから、昨今の少しばかりセンスが良かったり、頓智を働かせたようなインテリアデザイナーが太刀打ち出来るレベルではない。現代人はその一部を踏襲しているにすぎない。

　太古のインテリアについて考えてみよう。それは人々が居住する空間であると同時に、ある神聖な存在に対する問い掛けや神秘の出現する空間でもあったようだ。人々が天井や壁に絵を描くことは、人々にとっての「科学」であったし、人と人の間と書く人間誕生を告げるコミュニケーションの証しでもあった。壁に描かれた絵を見て、人々は議論を交し、共感し合い、客観性を学び合い、未知との対話を重ね、時には洞窟の外で群れをなして走り去るバイソンたちのドラマチックな出来事を知った。洞窟内に響く彫刻を刻む音は音楽の確かなルーツの一つでもあったし、ゆらめく松明の影を通して人々はイマジネーションを刺激され、美の意識が育った。出産や死も全てこの洞窟内で行われた。脳の大きさは現代人とほとんど変わらなかった。それゆえ私たちと同じ様な知性を持っていたと思われる旧石器人たちの生活の全ては、このように洞窟内というインテリアにて行われていたのだ。彼らは火を使用して食料を調理し、また化粧をして貝や石のビーズの編み物を身に付け、鳥の骨に穴を開けた楽器を演奏して心を通い合わせていた。なにしろ7万年前の洞窟から貝殻に穴を開けたビーズが発掘されている。5万年前の遺跡からはスプーン状のオイルランプや縫い針が見つかっているのだ。壁に描かれた動物たちは口から白い息を吐き、その寒さを伝え、同じく口に含んだ絵の具を吹き付けて描かれた走る馬の立髪が、物体の移動をまるで映像のように的確に表していた。中には点だけ打った抽象絵画もある。インテリアはいったいどんなものだったのだろう。今の私たちが洞窟に暮したと仮定して、考えられ

第 3 章　文化領域としてのインテリアデザイン

千住博　Senju Hiroshi

る全ての可能性は既に存在していたと思った方がいい。旧石器時代にもピカソや草間彌生はいたのだから杉本貴志や内田繁もいたのに違いない。

　そうやって考えてみると、あることに確かに合点がいく。私は今までに多くのインテリアデザイナーや建築家と組んで様々なインテリアに壁画を制作して来たのだが、その時、究極の目指す空間は、少なくとも私の場合、太古の洞窟だったのである。六本木ヒルズのグランドハイアット東京は杉本貴志のデザインにより、そして軽井沢千住博美術館の地下ギャラリーのインテリアは西沢立衛により、そして羽田の東京国際空港国際線ターミナルはシーザー・ペリ、シンガポールのOUBセンターは丹下憲孝、JR博多駅は三菱地所とJR九州コンサルタンツによりデザインされ、私

の壁画が設置されたが、明るかろうが暗かろうが、いずれも要するにある神聖な空間の出現を求めていた。結局太古の洞窟の内部のような雰囲気が一番人々が落ち着くし、心を癒やし勇気を与え、居心地が良い。それは私たちの血の中に残る太古からのDNAの記憶の成し得る術かもしれないし、いつの時代も人間という生き物が自然から身を守り、同時に自然を崇拝し、自然の側に身を置き暮す生活の中でたどり着く最適な空間の普遍的イメージなのかもしれない。

　様々な現代のインテリアデザインを考えてみても、それが便利だったり清潔だったり、緊張感から解放したり喜びや哀しみの舞台だったりする条件を満たしていたとしても、果たしてこの私たちの先祖の生み出したクリエイティブで崇高な空間を乗り越えられてい

Photo
（左）OUBセンター「ウォーターフォール」
（シンガポール/2012年/H1100 x W 430cm）
（右）「大正大学さざえ堂」（2013年）
撮影：Nacása & Partners Inc.

Photo
（右）東京国際空港（羽田空港）国際ターミナル
「ウォーターシュライン」
（2010年/H250 x W1786cm）
撮影：Nacása & Partners Inc.

（右頁・左下）「ウォーターフォール」
（2007年/H230 x W 1000cm）
撮影：村上義親
（右頁・右下）グランドハイアット東京
「ウォーターフォール」（2003年）
撮影：Nacása & Partners Inc.

2000（平成12）年
- 三宅島付近で火山噴火
- 白川英樹、ノーベル賞受賞

2001（平成13）年
- 第1回世界知的所有権の日(4月26日)
- 9・11同時多発テロ
- 野依良治、ノーベル賞受賞

るのだろうか。

　この点を今しっかり見据えることこそが大切ではないかと思う。私たちの生活はある時点から人間らしい謙虚さを行き過ぎてしまった。豊かさを通り越し、欲望的で贅沢な環境を良しとした。そんな原子力エネルギーを背景とするこの現代文明の利便性に麻痺した現代人の、軌道を修正する決定的なヒントが、この荘厳な洞窟の中に存在すると私は思っている。

　24時間煌々と照らし出された飽食の祭りはもう終わった。現代人が立ち返るべき原点は、240万年前初めて道具を使用し、火を使用して洞窟内の生活を充実させ始めた人々の生活、とまでは言わないまでも、今の煌びやかでキッチュな生活はやっぱり問題があると感じる人々の良心が、少しずつではあっても立ち現れているのが現実だ。夏は暑い、冬は寒い、夜は暗い。だからこそ知恵を働かせてユニークで美しい空間が生まれた。そのシンプルで素朴な、はるか遠い昔の日々に心を寄せて欲しい。それこそが今、インテリアデザインに課せられた未来への先導であると私は考えている。

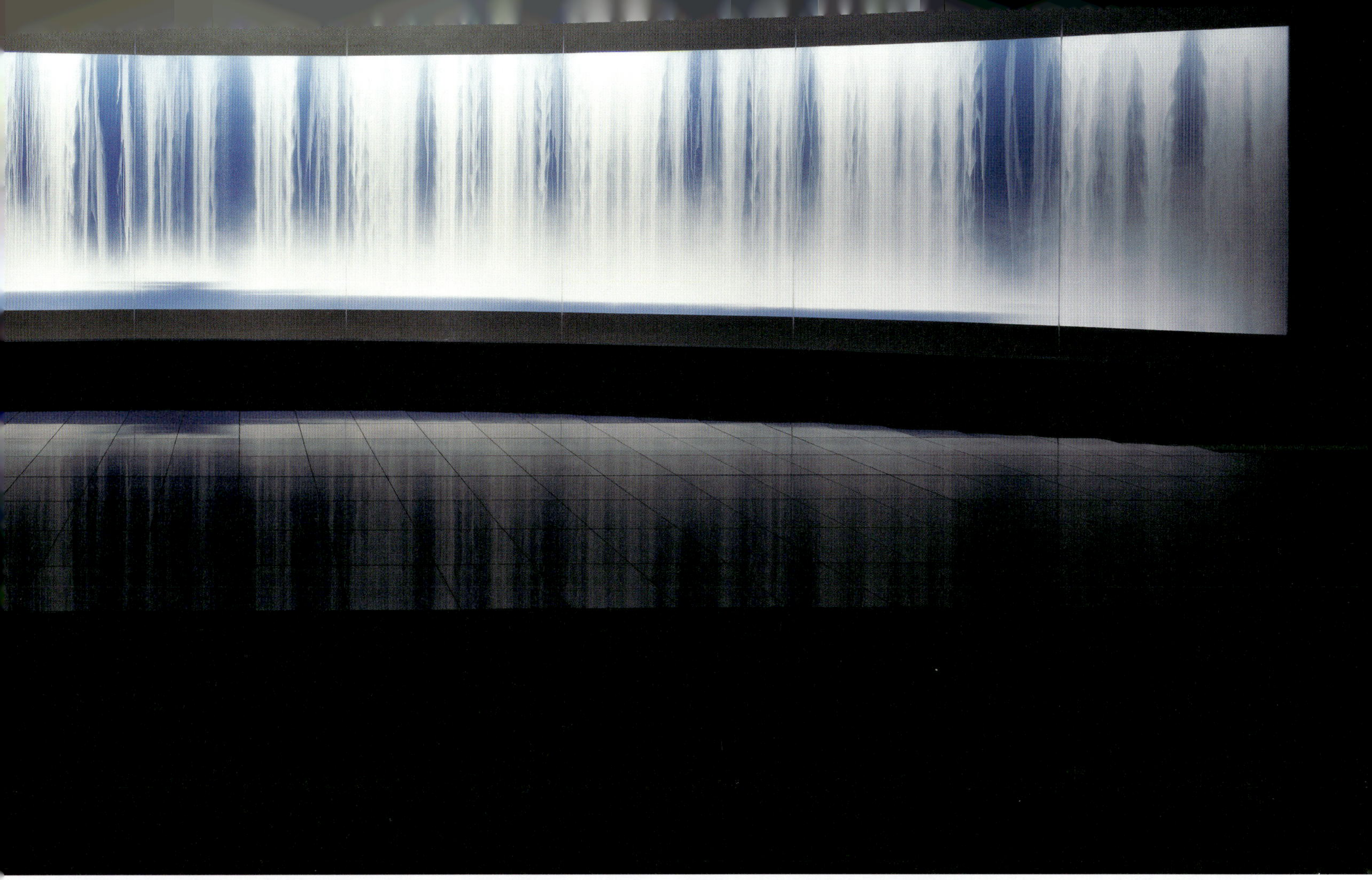
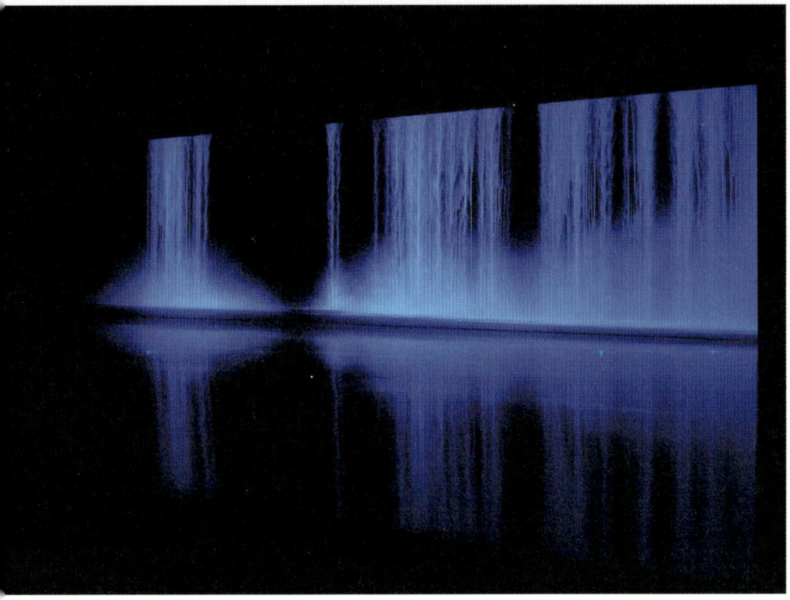
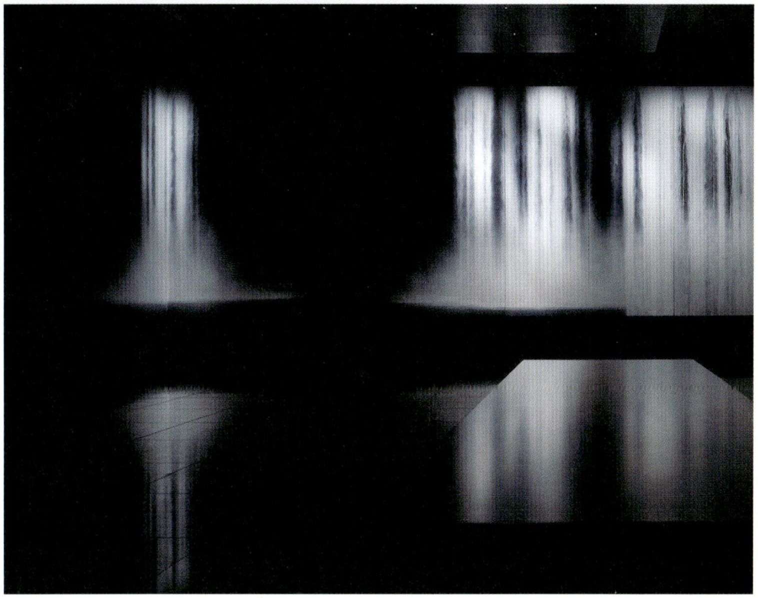

Photo
新藤力「石の蔵」(2001年) ／撮影：白鳥美雄

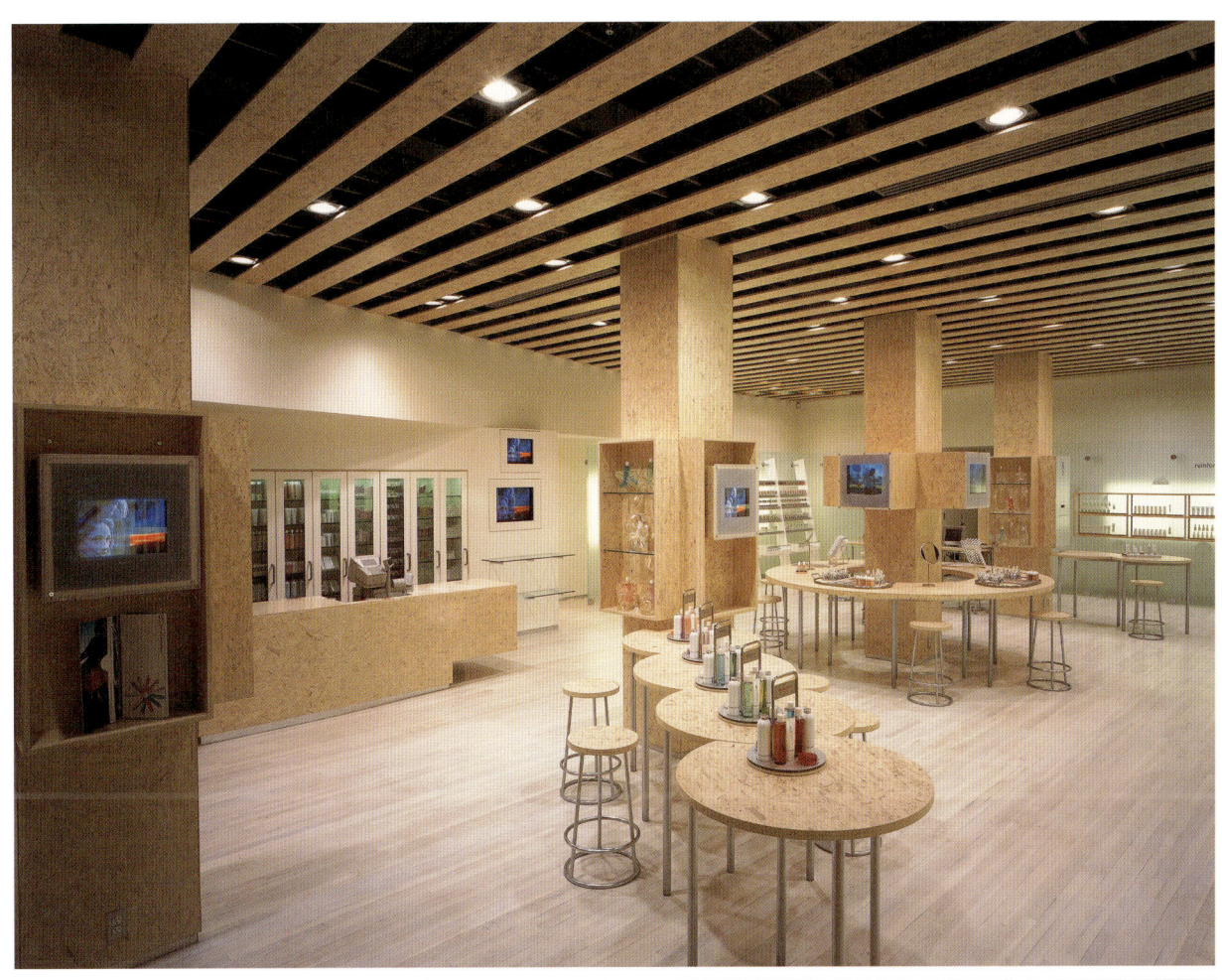

第3章 文化領域としてのインテリアデザイン

107

Photo
飯島直樹「資生堂5S・ニューヨーク」(1998年) ／ (上) 撮影：白鳥美雄 ｜ (下) 撮影：淺川敏

Photo
(上)北原進「渋谷エクセルホテル東急」(2000年)／撮影:白鳥美雄 ｜ (下)関洋(SEKI DESIGN STUDIO)「LIFE CREATION SPACE OVE 南青山」(2006年)／撮影:淺川敏

本物と本物風の素材

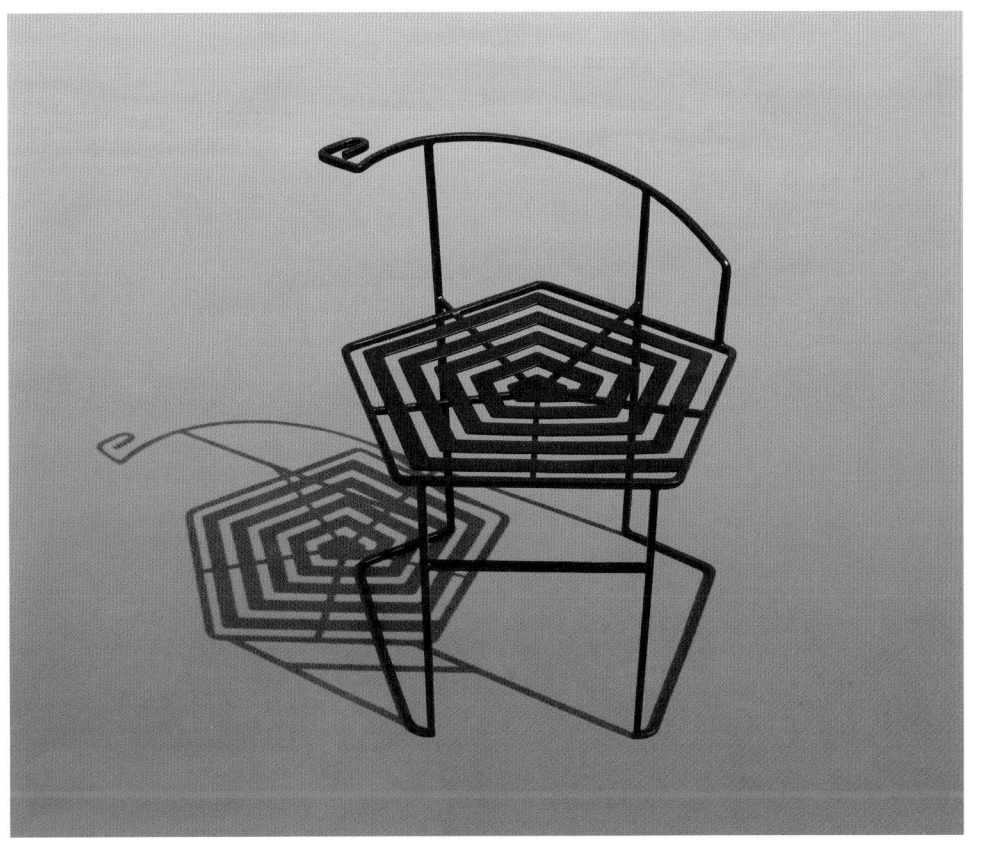

坂本和正 Sakamoto Kazumasa

Photo
「ペンタグル」(1994年)／撮影：坂本和正

　私たちは今、古代エジプトのピラミッドを、ほとんど当時のままの姿で見ることができる。ピラミッドは歴代の王（ファラオ）が己の魂を永遠に存続させるため建造したのだと考えられている。頂点まで高さ147m、底辺の一辺が230mにも達するこの巨大な四角錐の建造物の建設には、何十万人もの労働力が費やされた。そして歴代の王たちは変わるたびにつぎつぎとおよそ60基ものピラミッドを建設したという。

　それらのピラミッドの造営がおこなわれたのは紀元前2700年から紀元前2500年頃だが、その間の初期と後期とでは建設の手法が異なるのだそうだ。そのうちの初期のものには第4王朝のフク王、カフラ王、メンカウラー王のものなどがある。これらはいずれも2.5トンもある石の塊を約230万個も積みあげて出来あがっている。今も残るこの建造物の表面は石灰岩で平らに仕上げてあったらしい。おどろくことに、これらに使った巨石は建造するその場所にはなかった。採石場は遠隔地にあり、重い石は舟で海岸を沿い、さらに河をのぼって運びこまれた。現地で巨石を積み上げるのもさることながら運搬の仕事もなおさらの労力であったことだろう。

　やがて時代は下り建設も後期にはいると、なぜか巨石をやめてその地で身近に調達可能な泥を乾かした日干しレンガのブロックを積み上げるようになる。そして表面だけを石灰岩の板で仕上げた。労力の省ける安易な素材に飛びついたのは手間と時間との面からしてうなずける思いつきである。

　さて長い歳月を経て、今私たちは初期と後期のピラミッドの姿を比較してみよう。なんと初期の石造のものは表面の仕上げ材こそ剥げているが、いまだ堂々としている。それに比べ、中身が日干しレンガの後期のものは、まるで土饅頭のようにもろくも崩れ去って見る影もない。古代にさかのぼってみても「本物」と「本物風の素材」の差異が読み取れるのである。

　ところで、現在私たちの身の回りを見渡すと（ここでは住まいやインテリアの周辺に限定してみても）いかに多くのものが表面の見せかけだけでつくられていることか。ヒノキの柱と称していても中身は集成材であり、表

profile

坂本和正（さかもと かずまさ）
　1938年東京生まれ。
60年桑沢デザイン研究所卒業後、坂倉準三氏、続いて豊口克平氏に師事。
74年独立し「方圓館」を構えた。後に象設計集団の宮代町進修館の家具を共同制作。89年東京サレジオ学園聖堂の一連の家具で日本インテリアデザイナー協会賞、第十四回吉田五十八賞受賞。74年より99年までインテリアセンタースクール（現ICSカレッジオブアーツ）の二部主任教授も務めた。

Photo
「くし」（1985年）
撮影：芋田浩貴

面に厚さ0.3ミリほどにスライスした極薄のヒノキ材が巻いてある。構造は鉄骨なのに表面はレンガ風の壁、木目調に見えるがプラスティックの建具、革に見えるが実はビニール製のソファー、どう見ても金属としか思えないメッキを施したプラスティック製の水道蛇口と枚挙にいとまがない。どうしてこんなことになってしまったかといえば、とにもかくにも経済性がゆえの一言でしかない。衆知のとおり20世紀後半は大量生産による工業化が生活物資にまで及び、未曽有の大衆化社会に突入した。しかし普通の人々が手に入れられる物の価格の上限は自ずと決まってしまう。大多数の人々が全員「本物」を手にするのは言うまでもなく不可能なことである。

そこで産業はここぞとばかり、大衆がいくばくかの満足感に浸れるようにと「本物風の素材」の開発に躍起となった。人々も見せかけだけの化粧だとうすうす気づきながらも、現実にはそれでよしとするしかほかに手だてがなかったのである。そして、やがてそれらに慣れてしまった人々が増えれば増えるほど、産業は更なる「本物風」を作り続けたのだ。そんな時代のなかにあって、おそらく我が国の住宅事情は先進国の一員と言いながらも満足できる水準とはいえなかった。現在でもいくばくかのグレードのある住宅やインテリアを手に入れるのは人々の願望である。その願望に対し「本物風」はここでも当然のごとく用意される。だが、住宅は早まって一度たててしまったら衣服のように毎年流行を追って買い替えるわけにはゆかない。

21世紀の初頭の、めまぐるしく変わるグローバル経済の中で、あえて声高に昔にもどれなどと言うつもりはない。だが同時に言えることは「本物風」は使い手の反応によっては狙い通りにはならなかったこともあるのだ。例えば、日本人の感性が自然観に敏感だったせいだろう、ホンコンフラワーはずいぶん以前に流行したが、生きた植物でない「本物風」への抵抗から、しばらくしてほとんど見なくなったし、庭園用の腐らないプラスティック製の竹垣、公園の擬木コンクリートの柵などなど、いったん世には出たもののその後はあまりお呼びでないものもある。このことは、使い手の目線が無言で産業に対し舵の方向を変えさせたともいえる。デザインのありかたとしても興味あることだと思う。

2002（平成14）年
- 欧州単一通貨ユーロの現金流通始まる
- サッカーW杯日韓共同開催
- 小柴昌俊、田中耕一、ノーベル賞受賞
- 田中一光死去

2003（平成15）年
- 六本木ヒルズ開業
- アメリカ軍がイラクに侵攻
- SARS、世界中で猛威

第 3 章　文化領域としてのインテリアデザイン

坂本和正　Sakamoto Kazumasa

Photo
「東京サレジオ学園ドン・ボスコ記念聖堂の司祭席」(1989年) ／撮影：淺川敏

ライトの建築の魅力

樋口 清　Higuchi Kiyoshi

profile

樋口 清（ひぐちきよし）

1918年生まれ。
小学校卒業まで越後の農村で育ち、山国の信州で旧制長野中学校、松本高等学校を卒業後上京、都市の文化（西欧の音楽と文学哲学）に衝撃を受ける。東京工業大学建築学科でプランと配置を考える楽しさを知る。47年、鹿島建設建築設計部に職を得て、学校や教会堂、放送局支局や美容院、工場施設等雑多な設計をするなか、偶然にも遠藤新と吉田哲郎から教えを受ける。56年、工学院大学建築学科の助教授となり、6年後、東京大学教養学部助教授。国民休暇村協会の乗鞍山荘等設計。79年、東京理科大学教養科で近代建築史を担当。83年、有志数名と「北欧建築・デザイン協会」を設立。オットー・ヴァーグナー『近代建築』、フランク・ロイド・ライト『自伝』『テスタメント』、ルイス・マンフォード『機械の神話』、ル・コルビュジエ『建築へ』等多数の訳書がある。著書に『ライト、アールトへの旅』等のほか、『近代建築は何を創ったか』を近刊予定。

　ライトの建築の魅力は、まず素晴らしい室内でしょう。ライトは「建築は生活である」と言い、「家の本質は、住むための内部にある」と説いた老子の英訳をタリアセン（ライトの住いと学校）の壁に刻んでいるほどです。ライトは、生活の場の優れたデザイナーです。私が最初に体験した室内は帝国ホテルで、吹き抜けのある大きなロビーのそこここに親しい落ちついた場所があると言いましたが、食堂にも、宴会場にも、どこにも美しく豊かな雰囲気がありました。ヴェルサイユやウィーンに残るバロックの宮殿が大理石や金色の装飾によって豪華な王侯貴族の社交と歓楽の場を創り出していたとすれば、ライトの帝国ホテルは、大谷石と煉瓦タイルによって親しみのある市民の社交と歓楽の場を創り出していた、と言えましょう。

　ところで、ライトは、何よりも住宅作家で、何百軒も建てています。華麗な大邸宅から工費を切り詰めた簡素な小住宅までさまざまですが、どれも人の動きに応じて作ってありますから使いやすく、開放的ながら落ち着いた場所があり、団らんの中心に暖炉があります。ライトがウィスコンシン州の丘陵に建てた自身の住居と仕事場をタリアセンと呼びましたが、その居間は、二十世紀アメリカの市民社会が創造した生活芸術の傑作と言えるかも知れません。

　もう一つライトの建築の魅力は、周囲の自然との関わり合いでしょう。ライトは「建物により環境を美しくする」と言い、「難しい敷地はその難しい点に解決の糸口がある」とむしろ特殊な土地を歓迎しているかのようです。たとえば落水荘では、所有地が広いので平坦な場所はいくらでもあるのですが、建主がよく来て休むという岩棚のある所に案内されると、ライトの創造力が刺激されたのでしょうか。翌日早速「谷川のせせらぎの音とともに家の姿が頭の中におぼろげながら浮かんできました」と書き送っているほどです。こうして、岩棚の上方に何層も床を持ち出して、樹々の梢を遠く見晴らす家ができました。

　自然景観がどれほどライトの想像力を活気づけ、創造意欲を燃え立たせたか、1920年代の終りにアリゾナの荒れた岩石地にリゾート・ホテルを建てる仕事を得て、やがて毎年冬を過ごす基地をそこに築くまでを述べた『自伝』の中の章に読むことができます。

　ライトの建築の見どころは、というより三つ目の魅力は、構造の解決の仕方でしょう。ライトは『遺書』と題した最晩年の著書で、「生涯にわたって建ててきたどの建物にも、構造についての考えがその特質となっているのが見られ、嬉しく思う」と書いています。そして「構造技術者の建築」という批判に対して「私の中に構造技術者と詩人が共存しているのだ」と応じ、逆に「ロマンチスト」という非難に対しても「構造にロマンスを見るのだ」と答えています。

　ライトが詩やロマンスを見た構造とは、キャンティレヴァー（片持ちの張り出し構造）でした。帝国ホテルでは、ボーイが片手で盆を支える形でその構造を説明しています。その構造を高層ビルに応用して、周囲は床の端からカーテンのように銅板とガラスを吊る計画案を描きましたが、実現しませんでした。落水荘では、張り出したバルコニーについて「手すりと床が互いに支え合っている」と説明していますが、このように端を折り曲げて強化した床を渦巻き上に立ち上げたのが、グッゲンハイム美術館です。石造や煉瓦造りでは見られなかった軽く宙に浮いた空間です。しかし木造でも、ライトは柱と梁の骨組みを排して、重点的に支える張り出し架構を生活空間の覆いとして探ってきたのでした。

『ライト、アールトへの旅』
（1997年11月／建築資料研究社）

2004（平成16）年

- アテネオリンピック開催、日本史上最多のメダル獲得
- スマトラ島沖地震、インド洋津波

2005（平成17）年

- JR福知山線脱線事故
- 愛知で「愛・地球博」開催

第 3 章　文化領域としてのインテリアデザイン

Higuchi Kiyoshi 樋口清

Photo
（上）「タリアセン（ノース）」
設計：フランク・ロイド・ライト

（下・右）「柿生の家」
（下・左）「建て替え後の柿生の家」

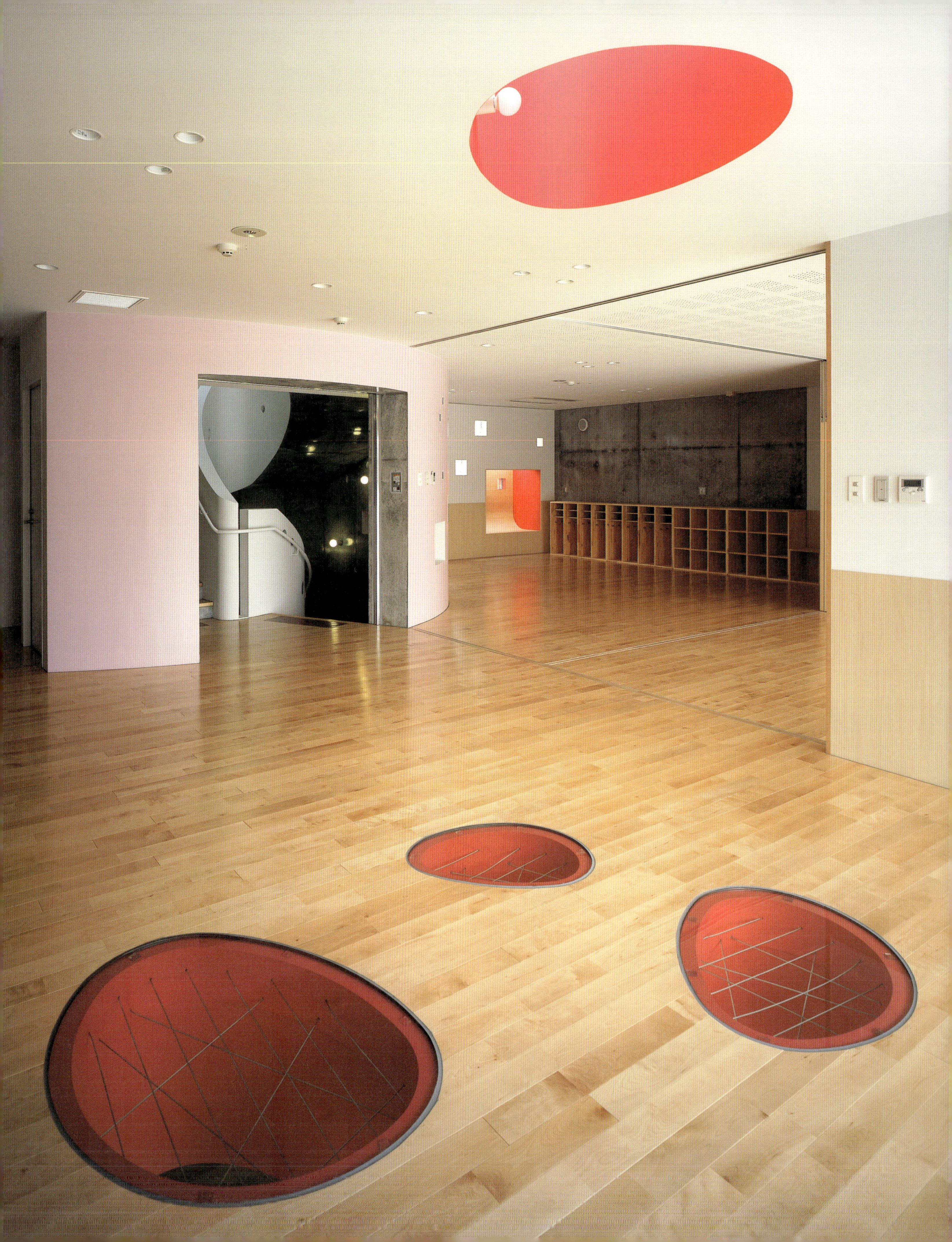

Photo
(左頁・上) 竹山聖「いづみ保育園豊中」(2010年) ／撮影：白鳥美雄

Photo
TONERICO:INC.(トネリコ)「donburio」(2011年)
撮影：淺川敏

第 3 章　文化領域としてのインテリアデザイン

Photo
藤原敬介「戸田中央健康管理センター」(2010年)
撮影：淺川敏

インテリアは人生の一部

川上玲子 Kawakami Reiko

Photo
友人のサマーハウスにて／撮影：川上麻衣子

profile

川上玲子（かわかみ れいこ）

有限会社フォルムSKR代表取締役
女子美術短期大学、桑沢デザイン研究所卒業後、通商産業省（現経済産業省）研究生、前川国男建築設計事務所勤務を経て、スウェーデン国立美術工芸デザイン大学留学。
帰国後、武蔵野美術大学非常勤講師をしながら建築空間のテキスタイルアートやインテリアデザインに携わる。主な仕事に「岡山県庁」「盛岡グランドホテル」「横浜市中央図書館」「スウェーデンハウスモデルハウス」、その他プロダクトテキスタイルのブランド商品デザイン。1994年度「JID賞」インテリアスペース部門賞受賞。武蔵野美術大学客員教授、（公益）日本インテリアデザイナー協会理事長を歴任。
現在、北欧建築・デザイン協会副会長。

　インテリアは北欧の人にとって趣味と実益を兼ねたもの、大切な娯楽でもあります。短い夏を楽しむため、田舎にサマーハウスを持っている人が多いのですが、大工さんに頼まないでなるべく自分たちの手で何年もかけて建てます。街のアパートでも、住みながら少しずつ手を加えて改装していくことがほとんどです。最近はレストランも増えて外食する機会も以前より多くなりましたが、ふだんは自宅で家族揃って、あるいは誰かの家に集まって食事することを好みます。自分の家にお客様を招くときは、寝室も子供部屋もすべてドアを開けておき、食前酒でも飲みながら家のなかを案内したり、親しい間柄なら自由に見てもらうというのが習慣になっています。家のなかを自分のセンスでコーディネートすることを楽しんでいて、招かれるほうにとってもそれを見ることがとても楽しみなんですね。そして食事が始まると、ひとしきりその家のインテリアのことが話題になります。

　基調となる色は、なんといっても白と黒で、そこに白木の家具の自然な色や、テキスタイルで、少し色を加えたりしてコーディネートします。北欧の人たちを見ていると、流行に左右されることがありませんし、ひとつの椅子を買うにもたいへん慎重で、自分でいろいろ勉強したり、何度もお店に足を運んだりして、じっくり選んで購入します。いい家具は高価ですから、一年に一脚ずつとか、何年もかけて本当にいいものを少しずつ買い揃えていきます。日本から行った人は、ごく普通の家庭にハンス・J・ウェグナーやポール・ケアホルムの家具があるのを見て驚きますが、デザイナーの名前で選んでいるわけではなく、実用的に優れていると判断したのがそういう家具だということ。2、3年で流行遅れになったり飽きてしまうような製品を誰も買いませんし、メーカーも売り出しません。北欧の家具は一見控えめに見えますが、素材、美しさ、機能性、耐久性などあらゆる角度から吟味され、市場に出るまでに長い時間をかけてじっくり開発しますので、発売される段階で非常に完成度の高い製品に仕上がっています。デザインのためのデザインではない、毎日使う人のためのデザインという考えが根本にありますから、飽きのこない、使えば使うほどよさがわかるものができるんですね。街を歩いていても街並に統一感があって美しく、デザイン関係のお店ではない普通のお店に入ってもなんとなくセンスがいいと感じますが、日本のように玉石混淆の製品が街に並んでいるわけではなくて、メーカーは優れたデザインのものしか製品化しませんし、お店も変なものを店頭に並べない、消費者も買わない、そ

第3章　文化領域としてのインテリアデザイン

Photo
（上）友人宅／撮影：川上麻衣子
（左）スーパーの雑貨売り場／撮影：川上信二

ういう意識が浸透しています。一般の人がごく当たり前にデザインに対して意識が高いので、北欧では日本のようなインテリア・コーディネーターという職業が存在しないんです。ちなみに、結婚した女性も仕事を持つことが当たり前なので、専業主婦という肩書きもありません。

太陽レクチャー・ブック 003
『北欧インテリア・デザイン』
「インテリアは人生の一部」
（2004年9月／平凡社）

2006（平成18）年
● 「グッドデザイン賞」創設50周年

2007（平成19）年
● 「消えた年金」「食品偽装」問題

2008（平成20）年
● 北京オリンピック開催
● リーマン・ショック
● 下村脩、小林誠、益川敏英、南部陽一郎、ノーベル賞受賞

川上玲子　Kawakami Reiko

Photo
古谷誠章・NASCA「LIPICIA 台湾・忠孝敦化本店」(2011年) ／撮影：淺川敏

第 3 章　文化領域としてのインテリアデザイン

122

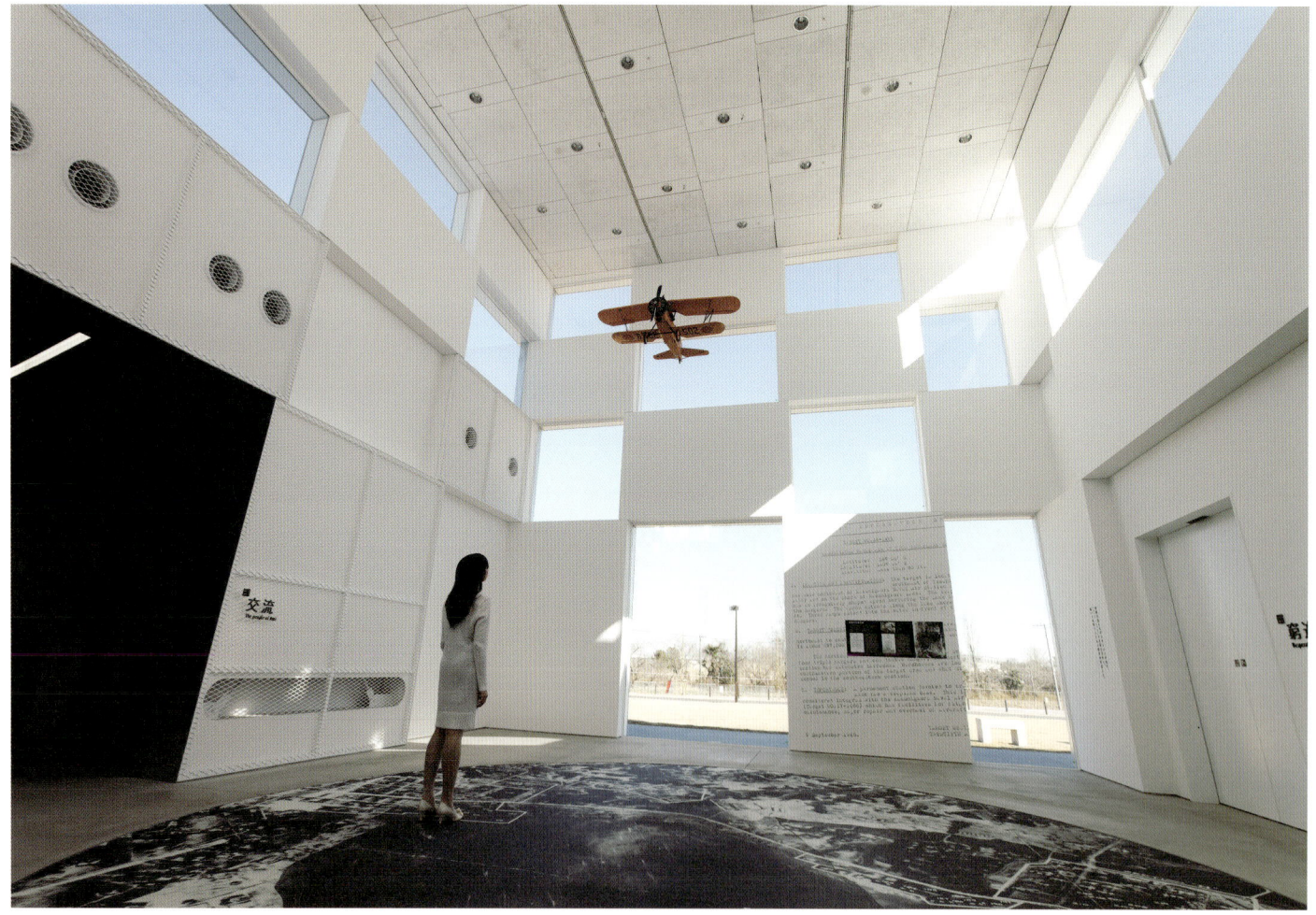

第 3 章　文化領域としてのインテリアデザイン

Photo
(左頁・上) 吉永光秀 (乃村工藝社)「予科練平和記念館」(2010年)
撮影：淺川敏

インテリアデザインの自立性時代

Photo
「VILLA VISTA」（1986年）

profile

黒川雅之（くろかわ まさゆき）
建築家、プロダクトデザイナー
1937年名古屋市生まれ。
K&K株式会社主宰、物学研究会主宰、デザイントープ主宰、京都精華大学客員教授、名古屋造形大学客員教授、中国・復旦大学客員教授、金沢美術工芸大学芸術博士、日本インダストリアルデザイナー協会、日本デザインコミッティー会員、日本建築家協会会員、日本文化デザインフォーラム会員等。
主な著書に『ARCHIGRAPH 黒川雅之×稲越功一』（TOTO出版）、『デザイン曼荼羅』（求龍堂）、『デザインの修辞法』（求龍堂）、『八つの日本の美意識』（講談社）、『デザインと死』（ソシム出版）等。
主な受賞に、毎日デザイン賞、グッドデザイン金賞、ドイツIF賞等多数。パーマネントコレクションに、N.Y.MoMA、デンバーミュージアム、メトロポリタンミュージアムN.Y.等多数。

　レオナルド・ダ・ビンチやミケランジェロの時代には建築は彫刻や絵画も含んだ壮大な体系でした。時に運河の設計も解剖学も建築の一部だったと言ってもいいでしょう。

　近代になって「合理化」のためにいろいろな職能に分かれたのです。ダビンチやミケランジェロという天才だけがこの壮大な建築をつくり得たのでしょう。それが普通の人々には不可能だった……そして分業が始まったのでしょう。

　丹下健三さんと岡本太郎さんの今はもう壊されてしまった東京都庁舎での協同作業はなにか悲しげでした。小さな能力に限定された２人による共同作業はかつての偉大な天才の作品にはどうしても届かないのです。現代はそんな悲しさを持った時代なのでしょう。

　僕は半世紀まえに自分の城を構えて建築を始めました。その時の僕の目指したことはこの悲しい共同作業による「建築と芸術の総合」ではなく自分自身の中に建築やインテリアやプロダクトデザインや芸術さえも総合しようという想いでした。まるでドンキホーテですがそれはそれは真面目にこの大きなテーマに立ち向かっていたものでした。

　その結果、今では建築もプロダクトデザインもなにでも「建築」だと考え、建築としてデザインをしています。コップは小さな建築なのです。灰皿も照明器具も小さな建築なのです。こうして僕の中ではインテリアも１つの内的な建築として地位を得ています。

　２、３年前のことです。香港でのコンペの審査に参加しました。インテリアのジャンルで募集した作品の中に都市の広場のデザインが入っていて、審査委員長はこれは規定外だから削除しようという提案でした。僕は猛反対したのです。この作品は都市のインテリアを提案しています。だから当然規定違反ではない……というのが僕の主張でした。結果、その提案は入賞したと記憶しています。

　インテリアデザインも建築です。インテリアデザインは世界を内側から観て、内側から構築する建築だと思っています。「INTERIOR DESIGN」とは「DESIGN FROM INNER SPACE」と言うべきだと思うのです。人間の内的世界さえもこうしてインテリアデザインになるのです。

　インテリアデザインも建築なのですから、インテリアデザイナーは建築家です。インテリアデザインが建築なのですから、建築もまたインテリアデザインです。このようにプロダクトデザイナーは自らを建築家と名乗りたいと思います。プロダクトデザインとは「プロダクト＝結果であり製品」のことですから建築だって製品です。もう、世界は１つに見えてきたでしょう。創作はすべて同じなのです。

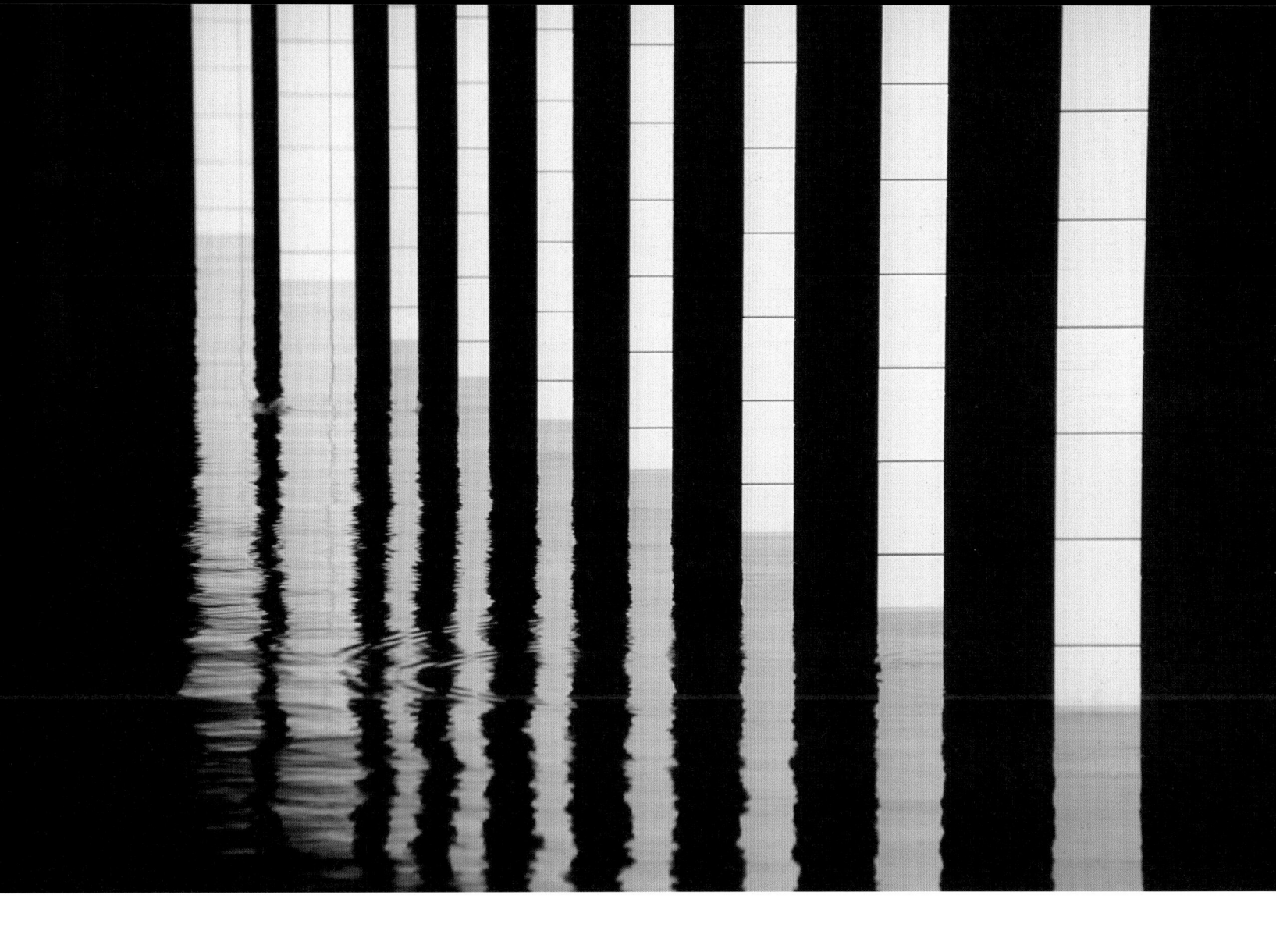

最近、中国でガラスの多用された建築を提案しました。そのクライアントの社長はインテリアデザインをもっとちゃんと見せてくださいと言うのです。フィリップ・ジョンソンの硝子の家のインテリアの写真は近くにミース・ファン・デル・ローエのバルセロナ・チェアーが置いてあってその後ろは自然の豊かな庭園だけです。

僕の提案の建築には大きな幅で竹林の庭園になっていてインテリアは圧倒的に硝子越しの竹林が支配しているのです。インテリアの展開図を描こうにも硝子しか描けない。本当は竹林を展開図に描きたいぐらいなのです。

ダビンチのころの建築はその殆どが壁画だったのでしょう。展開図とは絵画なのです。あとは家具の選択だけでインテリアが出来てしまいます。

インテリアデザインとは、DESIGN FROM INNER SPACE だということがお分かりになったでしょう。インテリアデザインとは内側から外を見るデザインということです。外のないインテリアだけで現代のインテリアデザインは発達して来ました。外が見えないインテリアとはショップやレストラン、バーなどです。地下室のレストランなどは典型的なインテリアデザインを成立させます。

こうしてインテリアデザインは外部を遮断した世界として発達してきました。外光のない人工照明と外に風景の広がりのない窓のない閉鎖的空間が人間の内的風景を映し込んで華麗な虚像的空間を発達させました。こうなるとインテリアデザインはアートに近づきます。内的風景ですからまさにアートです。

このような状況が20世紀の後半の華麗なイ

Photo
「OOGANE GOLFCLUB」(1987年)

ンテリア時代をつくり上げました。建築家には描けない驚嘆する空間を多くのインテリアデザイナー達が見せてくれました。

　すべてを含む筈だった建築は職能が分化することでもう一つの、建築には届かない世界をつくり上げていったのです。

　建築は沢山のレイアーをもつ、多重な価値を表現するようになりました。巨大な大きな建築は現代ではラビリンスのように多様性と神秘性を持つようになりました。

　こうして、ルネッサンスの時代には想像もできない建築が登場したのです。こうしてインテリアデザインは自立性を獲得したのです。新しい建築に乾杯です。

2009（平成21）年
- アメリカ初のアフリカ系大統領にオバマ就任
- 衆院選で民主党が大勝し、鳩山政権発足

2010（平成22）年
- サッカーW杯南アフリカ大会
- 鈴木章、根岸英一、ノーベル賞受賞

Photo
「HANAKAGE」（2006年）

第 3 章　文化領域としてのインテリアデザイン

Photo
松本大建築設計事務所「金沢国際ホテル・水と光の教会」(2011年)
撮影：淺川敏

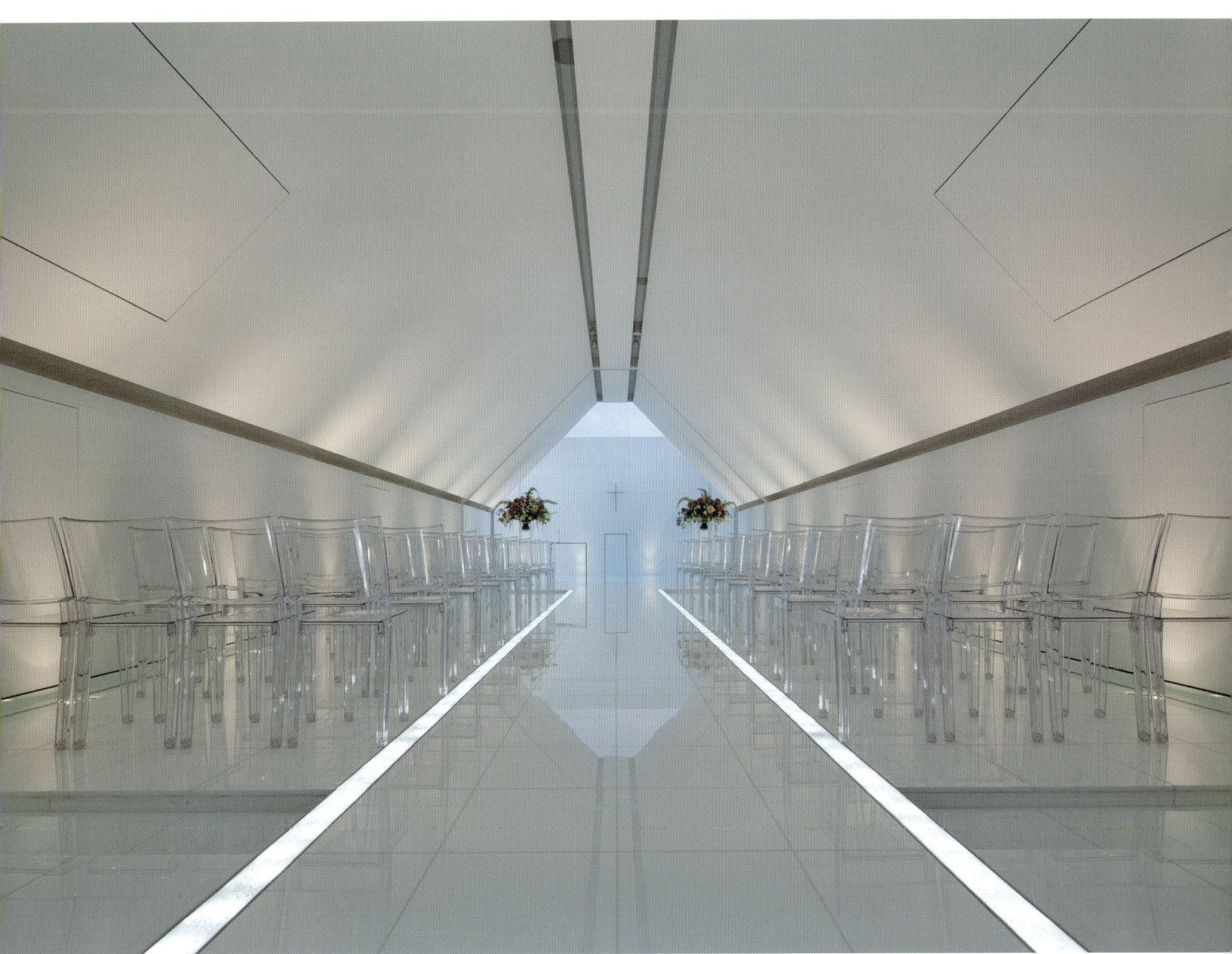

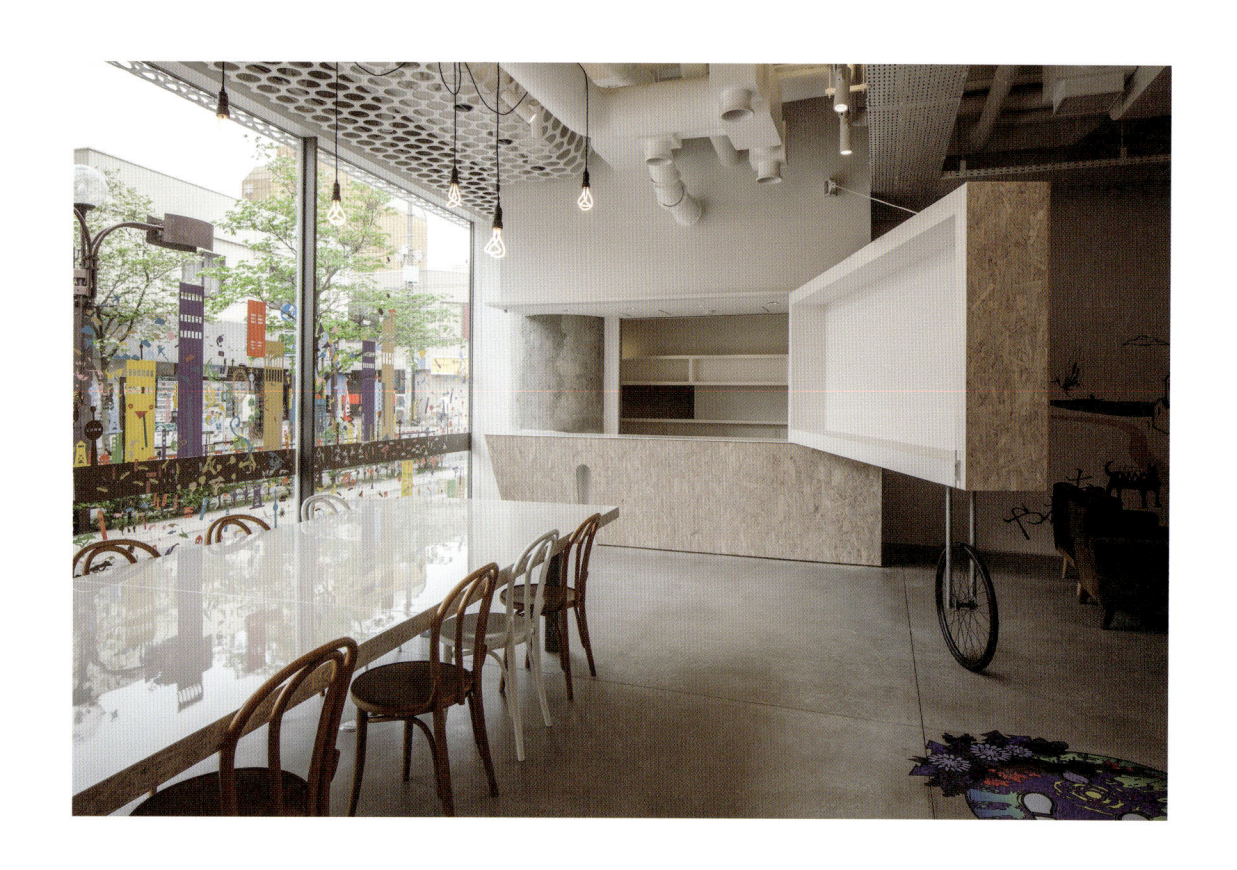

（上・右頁)
水谷俊博「アーツ前橋」(2012年) ／撮影：淺川敏

Photo
（上・右頁）
水谷俊博「アーツ前橋」(2012年) ／撮影：淺川敏

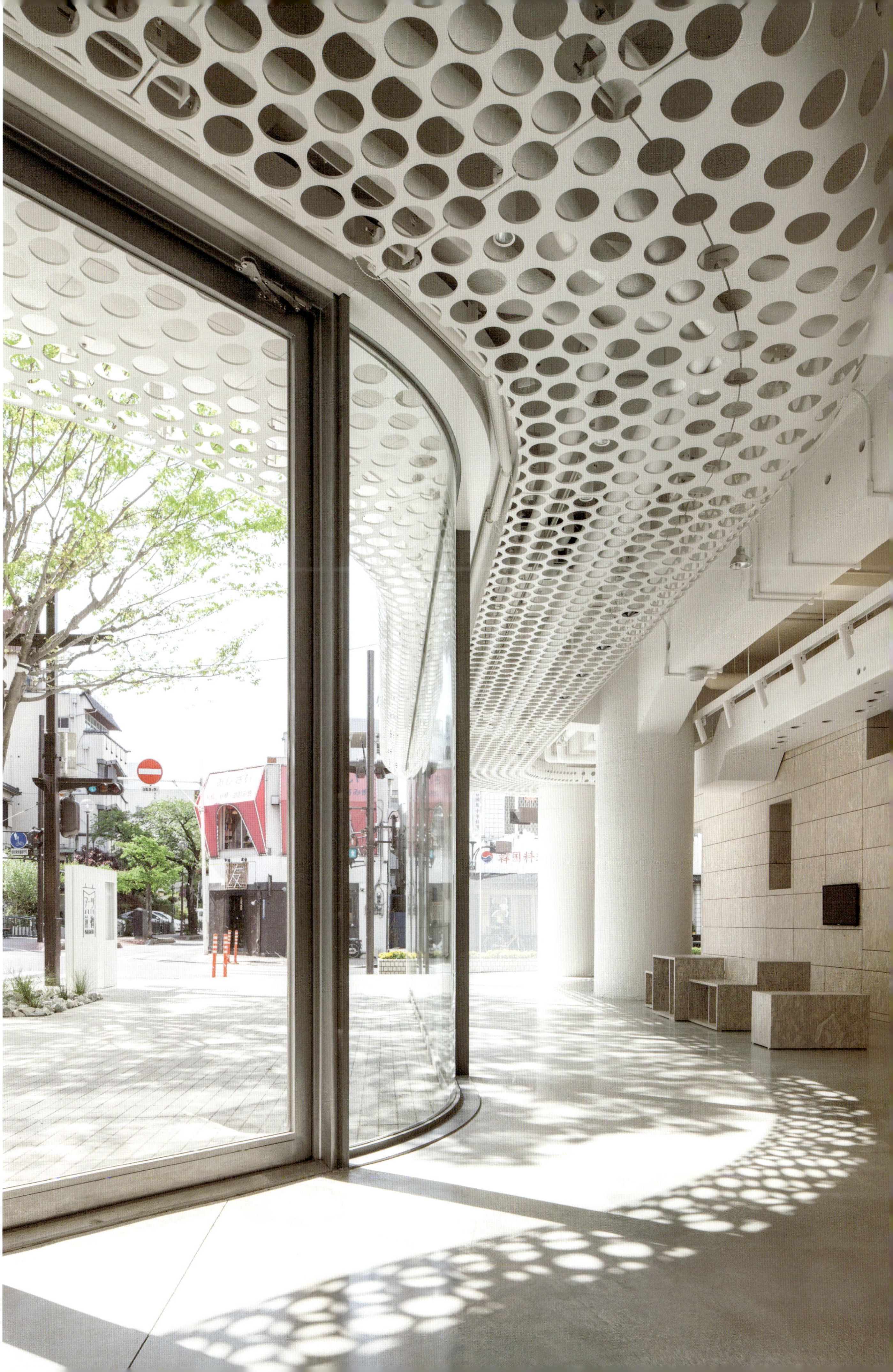

Photo
藤江和子「Moment of Liquid」大崎フォレストビルディング、ベンチ（2012年）
撮影：淺川敏

第 3 章　文化領域としてのインテリアデザイン

拡大し続ける空間の実態

Portrait
撮影：坂田栄一郎

profile

近藤康夫（こんどう やすお）
インテリア・アーキテクト
1950年東京生まれ。
73年東京造形大学造形学部デザイン学科卒業。73〜76年三輪正弘環境造形研究所、77〜81年クラマタデザイン事務所に勤務し、81年、近藤康夫デザイン事務所を設立。2006〜11年、九州大学大学院芸術工学研究院教授。
主な作品に「ポリゴン・ピクチュアズ」「コム デ ギャルソン シャツ（N.Y.・Paris）」「グランブルー＆AO NTT幕張ビル」「タグ・ホイヤー（表参道）」「カッシーナ・イクスシー青山本店」「東証アローズ」「三菱東京UFJ銀行 営業本部フロア部（丸の内/大阪/名古屋）」「三菱東京UFJ銀行（大阪中央支店/名古屋支店）」「ナチュラクスホテル（富良野）」等多数。
主な受賞に「日本インテリアデザイナー協会賞」「アメリカ建築家協会デザイン賞《インテリア・アーキテクチュア賞》」「2000年度 毎日デザイン賞」「2001年度 JID賞」等がある。
著作に『インテリア・スペース・デザイニング』『ABデザイン』がある。

「プログラム」から「概念モデル」へ

　私の仕事は、インテリアの概念の再構築を基軸に、その問題を方法論的に検証するために様々な実験を行うことから開始された。80年代の私のデザインの変遷は、単純に二つの段階に分類できる。第一段階では、インテリアデザインの「領域」の問題を「建築との関係」で再構築すること、第二段階では、第一段階での手法をベースに、形態や色といった要素を挿入することで空間を「強化」できると考えた訳だ。そして、今は第三段階に移行している。この変化に作用した要因は、デザインを取り巻く社会的な環境が対他的にも対自的にも変化したことだ。その理由として、プロジェクトの拡大に伴うスケールの問題、またデザインに対する認識が複雑化し領域が拡張したこと、さらにはプログラムの多様化が挙げられる。この第三段階の手法の展開は、第一、第二段階の手法を継続しつつ、様々な事象を多層、多重、あるいは複層させ、決定と非決定の部分をつくり出すといういわば空間の重層化が中心となっている。

インテリアデザインの存在価値

　オルセー美術館を初めて見たとき、私は既にデザインの仕事をして二十年近く経っていたし、最初から空間の中にもうひとつの空間を生み出すということが常に頭の中にあったから、これを見た衝撃は大きく、自分の目指す究極がここにある、という感じだった。また、同時期にルーヴルの改装があり、ピラミッドばかりが有名になったが、それ以上に我々にとっては、内皮が外皮を突き抜けて表に出てきたという意味が重要だったはずだ。いずれにしても、この二つに共通する古い建物を再生するという意義は、インテリアデザインにとって極めて重要だと感じた。

　もともとインテリアは、我々がデザインする以前に成立しているということを前提に考えるならば、デザインをすることは、全て異化することであるという考えが過剰に反プログラム的発想に向かわせる根拠だと思う。しかし、私が重要だと思うのは、元の空間が保持するプログラムが有効な力を発揮する場合もあるということだ。例えば、建築や都市を例に挙げると、伝統や歴史性といった強固なプログラムが圧倒的な美しさを保持する場合もある。つまり、既に有効な尺度と批評性を保有している。「プログラムの補強」とは、このような固有の強度や深度を持ったものを、さらに拡張強化する主題となることを目的としている。前述のオルセー美術館がその良い例だ。歴史を補強しつつ、美術館として見事に再生している。重要なのは、インテリアだけをデザインしていてはいけない、ということだ。つまり、ジャンルを超えていかにブレ

第3章　文化領域としてのインテリアデザイン

近藤康夫　Kondo Yasuo

Photo
「東証アローズ」（2000年）
撮影：Nacása & Partners Inc.

イクスルーできるかが問題であり、インテリアデザインの存在価値もそこにある。

デザインの使命

　デザインの使命とは、とにかくポジティブなものを提供することだ。決してネガティブなものであってはいけない。デザインの受け手がそれを見て、気持ちが休まる、すごく興奮する、美しいと感じる、快適さを覚える、と評価は何でもいいのだが、デザインの批評は全てポジティブなものに向かっていかなければならないと私は考えている。その全体像が時代によって変化する、いわば偏る訳だ。このポジティブさの時代から、別のポジティブさの時代へ、というふうに。それが文化全体の中で波をつくっている。あとで考えると、あれは何とかの時代だというふうに歴史的に総括されていくのだが、往々にしてそういうことはその時点で読み解くことは非常に難しい。特にインテリアを中心とするデザインというのは、まだ出自が浅い。そのように総括されるような歴史を構築していないかもしれない。

私の戦い

　インテリアにはもともと規範などないと考えてきた私は、ゆえに自分でわざわざ規範をつくってきた。空間構成の基本的な方程式、空間の分解、再構築から始まり、その概念の展開、応用の方法論をいちいち確認し、積み上げてきた。そういう考え方が存在しなかったからできたのかもしれない。要は、自分で描いた踏み絵を自ら踏んで進んできた。

　今までは、インテリアデザインというもの

2011（平成23）年
● 東日本大震災、福島原発事故

2012（平成24）年
● 東京スカイツリー開業
● 山中伸弥、ノーベル賞受賞

2013（平成25）年
● 渡辺力死去
● 2020年東京オリンピック開催決定

Photo
「ヨージヤマモト（ファム・オム）、ヨージヤマモト＋ノアール」（1998年）
撮影：Nacása & Partners Inc.

がその存在意義を検証されることもなく、矮小化されているということに対する戦いがあった。私個人の立場で言えば、どこまでも空間にこだわるという戦いだ。その過程の中ではやはり、倉俣史朗の存在が大きかったことは否めない。それをひとつの規範として、そこにどうやって戦いを挑んでいくかということがテーマとしてあった。インテリアデザインという何の枠組みもないようなジャンルに対して、唯一の例外としての倉俣史朗をも既知のものと看做し、「新しさ」という概念を機軸に新たな秩序を敷設することができるか、というところが戦いの主戦場だった。誰よりも強く、深く、徹底的に「空間」にこだわり、インテリアデザインという世界が日本から誕生したと歴史に言わしめるまでやり続ける自分を感じてきた。他に宣言する気は毛頭ないが、それをただ一人実践してきた自負はある。

インテリアデザインの可能性

　もはや時代は緩やかに退行中だ。いわゆるラディカリズムも同様に退行している。しかし、近未来として新たな状況の実現を推測することができる現在において、新たな時代をリードするデザインを構想することは可能なはずだ。そこに「概念モデル」の意義を見出すことができると思う。必要なのは、構想力を単なる構想として終わらせないためのモデルをつくらなければならないということだ。その実践こそが、今のデザインの状況に突破口を見つける唯一の手掛かりになるだろう。

　インテリアの可能性への追求は終わるところがない。照準をさらに明確化し、例えば建築との関係における領域の問題に介入していこうと思う。建築の構造としての外壁と内壁、その内外に分断されていた概念を、まずは取り払う。インテリアデザインが対象とするのは、もはや建築から与えられる内側だけではない。いわば、インテリアデザインは外に出る意志をもつ、ということだ。よって、全てを領域の問題として捉えたならば、建築も変らざるを得ないだろう。要は、インテリアであれ建築であれ、実態としての空間の可能性はますます拡大し、面白い状況が生まれつつあると私は考えている。

『AB DESIGN ― YASUO KONDO』（2003年／六耀社）

第4章
生活文化とデザイン教育の追求
—— ICSの意義と展望

日本におけるデザイン教育は、1896 (明治29) 年、東京美術学校 (現・東京藝術大学) における図案科創設がその嚆矢とされる。その後、いくつかの教育機関で同様の学科が設けられるが、その多くは「工業図案」、つまり工業製品の意匠、設計を担う人材の育成に主眼が置かれていた。インテリアデザインが現在のような独立した分野として認められるようになったのは戦後になってからで、それまでは数少ない例外を除いて、建築家が自らの建築作品のために手がける室内装飾、什器設計であり、長く建築文化のなかに位置づけられていた。ICSカレッジオブアーツ (創立時はインテリアセンタースクール) が設立された1962年頃でも、インテリアという言葉は一般にはほとんど認知されておらず、創立者の柄澤立子によると、当時よく「ICSは、インテリを育てる学校ですか」と尋ねられたという。戦後の住環境の激変のなかで、インテリアの貧困を痛感し、その改善、啓蒙、教育の必要性を感じた柄澤がめざしたのは、建築文化のなかにあったインテリアデザインを、生活文化に引き寄せ、より豊かな生活空間を実現することだった。今や、全国の美術系大学、専門学校には、当たり前のようにインテリアデザイン科が設置されているが、インテリアを文化としてとらえ、教育現場の自由を堅守している教育機関は数少ない。

クリストとジャンヌ＝クロード『包まれたポン・ヌフ、パリ、1975-85』© Christo, 1985, photo: Wolfgang Volz

芸術の未来としてのデザイン
——IADが目指したもの

伊東順二 Ito Junji

profile

伊東順二（いとうじゅんじ）
美術評論家・プロデューサー
1953年長崎県生まれ。
早稲田大学仏文科大学院修士課程修了。展覧会企画、アート、音楽、建築、都市計画等分野を超えたプロデュースを多数手がける。95年「ベニス・ビエンナーレ」日本館コミッショナー、97年パリ日本文化会館開館企画「デザインの世紀」展コミッショナー、2000年〜01年「文化庁メディア芸術祭企画展」プロデューサー。08年〜12年「金屋町楽市」プロデューサー、10年「金沢・世界工芸トリエンナーレ」キュレーター。13年「九州芸文館」アートプロジェクトプロデューサー等。
前長崎県美術館館長。パリ日本文化会館運営審議委員。富山市政策参与。高岡市魅力創出アドバイザー。「現代デザイン事典」編集委員。95年4月〜03年3月ICSカレッジオブアーツ「インタラクティブ・アーツ・ディレクション科」プロデューサー、05年10月〜13年3月富山大学教授。13年4月〜東京藝術大学社会連携センター特任教授・副センター長、アートイノベーションセンター副センター長。

　デザインの語源は広く知られるように絵画の基本的技術であるデッサンと同じくラテン語のdesignareであると言われている。ギリシャ時代にその端を発する言葉であるが、本来の意味は思考を整理して表現する、つまり見えないものを見えるようにする、というプラトン哲学的命題を持つものだ。そして、現在のような意味でデザインという言葉が広く流通するようになったのは、行為の認識としてはたかだか100年ほど前からであり、具体的な造形分野として確立されるのは第二次世界大戦後以来である。

　では紀元前から存在する建築やグラフィック、テキスタイル、工芸等、今ではその範疇に含まれるクリエイションが20世紀になって改めてデザインという総称されるようになったのはなぜだろうか。それは芸術（fine arts）という概念が創成されたルネッサンス期にまで遡らなければいけないだろう。

　ヨーロッパ文化の原点であるギリシャ時代においては古代民主主義を背景として人間社会は神々の世界に対する個人の科学的分析精神がすべての分野において等しい基盤であった。例えば、国家という総体的な概念でさえ、一人の哲学者の提案だった。思考というものは個人が追及し、設計し、実現していく、それが社会の構成基盤となっていた。代表的なものはプラトンのイデアという考え方である。一言でいえば、世の中のすべてはギリシャの神々によって定められているので、私たちがなすべきことはそれを知覚し具体的な造形として具現化することだという視点である。しかし、それはつまりいまだ明かされていない真実の解明に向かう方法論を探索し、実験する自由が存在していたということを意味している。

　しかし、ローマ時代後期、キリスト教が伝来し、国家の違いを超えた共通概念として存在するようになると、社会の価値観や個人の定義も転換していった。つまり、絶対的な価値構造がキリスト教の教義や宇宙観によって規定され、人々はそれに疑いを持つことは許されなかった。すべては神の与えた真実とその構造を信じることにのみ成立する。結果は明らかであり、人々はそれを証明することを許されているだけである。

　ルネッサンスはこのような西洋のキリスト教絶対主義下におけるギリシャ的科学精神の復興の物語であり、西洋的近代はその両者の折衷の上に成り立っている。そのギリシャ的なものへの回帰を象徴する分野が芸術であり、科学であって、それはまるで車の両輪のように近代以降の人類社会の発展と文明の進展を支えてきた二つの社会的基盤として機能していくようになるのである。

　ギリシャ哲学の科学的精神を背景とするルネッサンスの社会的貢献として二つのことがあげられる。一つは個人の自由な感性を指針として人間や社会の在り方に対して常に真実を追求する視点をもたらしたことであり、もう一つはその指針を維持するために継続していくための方法論を伝えていく表現や哲学についての教育方法を確立させていったことである。それが近代における芸術教育機関「アカデミー」として世界的に網羅され現代まで続く芸術教育の基盤となっている。

　しかし、19世紀に入って科学や技術の進化に伴って文明が進展すると、社会の様相は一変し、近代民主主義が到来するようになる。芸術がメッセージを伝える層も拡大し、また文明の変化に伴い造形における創造性はその進展についての重要な機能としてとらえられるようになったのである。本来は純哲学的芸術運動であった前ラファエル派や印象派、未来派、ウィーン、ミュンヘン、ベルリン分離派などの世紀末前衛芸術運動が近代デザインの根源であるイギリスにおけるアーツ・アンド・クラフト運動やドイツ、オーストリアにおけるユーゲント・シュティル、フランスにおけるアール・ヌーボーにつながっていく背景はルネッサンス的折衷主義芸術とそれを継承しようとするアカデミーに反抗する芸術の近代社会的適応と自立を目指す芸術的動機が根底にあったからである。彼らの思いの中にあった万人のための芸術というスローガンはつまり宗教や貴族主義などからの呪縛を解き放たれた近代社会の基本的ポリシーでもあるのである。

　故に、デザインはデザインとして成立したものではなく、あくまで工芸（arts）、芸術（fine arts）、の成長過程の最終過程として生み出されたものであるし、designareというその全過程に

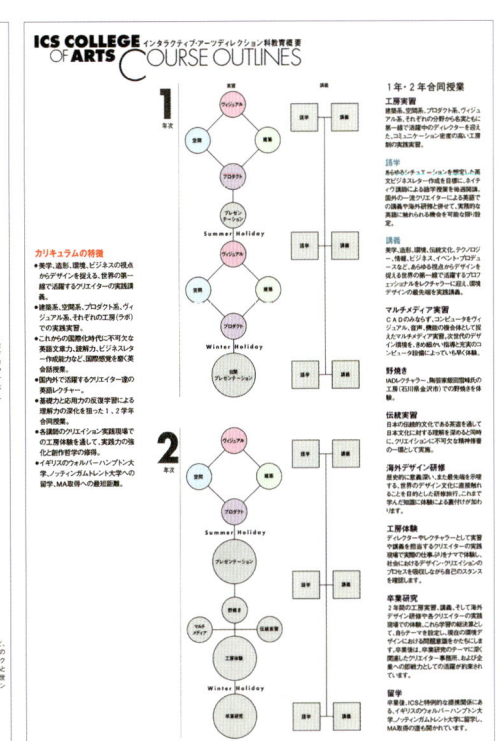

1996年度のICSカレッジオブアーツ学校案内「インタラクティブ・アーツ・ディレクション（IAD）科」

共通する姿勢の純粋化を主張するものである。少なくとも、ハーバート・リードやニコラス・ペヴスナーら近代を代表する美術史家たちがそう呼んだ理由はそこにある、と私は思っている。そして、そのもっとも重要な実際的展開方法や基盤形成を示唆したものは1907年にミュンヘンで結成されたヘルマン・ムテジウスやペーター・ベーレンス、ヴァルター・グロピウスによるドイツ工作連盟とその流れを受け継ぎ1919年にヴァイマールで設立された総合芸術教育機関バウハウスである。

　もともとベルギーの建築家アンリ・ヴァン・デ・ヴェルデが創設したヴァイマール公国大公立美術工芸学校に端を発するバウハウスはその趣旨を継いだグロピウスが共和国に体制が変遷してから設立したもので、最も大きな特徴は当時のドイツにおいて大きな潮流となっていた二つの運動を取り入れた教育にあった。それは感情的、神秘的な表現を主体とする芸術理論に基づいた表現主義と近代社会にふさわしい合理性と機能性を造形表現に取り入れ産業的に生産しようとするドイツ工作連盟が核となっていた社会機能的な造形表現の二つである。共に当時のヨーロッパにおいて革命的な造形運動であり、それが歴史上最も自由主義的な憲法を策定したヴァイマール共和国で合体し、旧来の芸術教育とは全く異なる価値観を持つ教育機関を生み出した。全体の傾向として社会主義的な色彩を強く持つものであったが、それ故に後年台頭するナチスに弾圧を受けることになり、1933年に閉鎖されることになる。初代校長のグロピウスから、ハンネス・マイヤー、ミース・ファン・デル・ローエと継承された教育指針は草創期には二つの傾向を混在させるものであったが、次第にロシア構成主義の影響もあって、また、基礎教育担当者がヨハネス・イッテンからモホリ=ナジ・ラースローに交代するにしたがって合理主義的、産業主義的傾向を強めていく。教師陣を見ても前掲の人物たちに加えてワシリー・カンディンスキー、オスカー・シュレンマー、ピエト・モンドリアン、マルセル・ブロイヤーなど錚々たるアーチストが揃い、しかもそのすべてが当時の芸術の最前線に立つ者たちであったことからも、ルネサンス以来の芸術における大転換期を示していると言えるだろう。その活動は政治的状況によって短期に終わったが、その影響はファン・デル・ローエなどの亡命者によってアメリカさらには全世界に及んだのであ

1996年度のICSカレッジオブアーツ学校案内「インタラクティブ・アーツ・ディレクション（IAD）科」

る。日本においてもバウハウスで学んだ水谷武彦や山脇巌らによってその思想と方法論が移植され日本における最初の構造的なデザイン教育が確立されたのである。

バウハウスの経過やその背景を見るにつけ、アカデミーによる芸術教育がもたらした画一主義的な傾向を払拭し、変動する社会や文明に対応する柔軟な芸術と教育の高い時点での融合を行おうとしていたことがわかる。つまり、前衛性と大衆性が背反しない芸術の在り方と、何ものより先に個人の感性開発を優先する姿勢は現在の多面的なネット社会における人材基盤整備の方法論さえ準備したとさえ思えるのである。その意味では芸術の新しい在り方を提示したことは間違いない。しかしながら、いつの時代においても先見的で、革新的だった芸術をも追い抜いていくがごとくに現代文明が超絶的なスピードで拡大していく時代にあって、このような原点に存在していた人類的な目的意識が薄れ、マーケティングという生産効率や産業性の設計にのみデザインが左右され始めていることも事実である。

そのような危機感から1995年に専門学校ICSカレッジオブアーツの校長であった柄澤立子氏に依頼され、同志を募って開設した教育実験がインタラクティブ・アーツ・ディレクション（IAD）科である。このコースは言わば学校内バウハウスを目指したものであり、その初期目的を現代に置き換えて、多面的で柔軟な感性教育を行い、社会のコアにある問題意識を持つクリエイター、プロデューサーを育成しようとするものであった。8年に及ぶ活動期間において現在においても最前線に立つクリエイター、アーチスト、プロデューサー、企業家、政府機関関係者、メディア関係者などが直接学生に社会的実践を指導し、社会的問題意識を植え付けていただいたことはまさに奇跡とも呼べるものであり、柄澤氏の長年のデザイン教育によるアドバイスと全面的な支援なくしては起こらないものであった。バブル崩壊期、どの学校においても経営が非常に困難な状況下にあって、このような事業を開始されたことは社会と芸術史にとってのデザイン教育の重みを身を持って感じられていたからであろう。

理論教育はもちろん、インターネットもまだ十分に発達していない時代において海外の離島における日刊新聞づくり、自然体験、テレビ番組制作、キャンプシステムにおける造形教育、フランスにおける文化施設の開設補助等々、小生が提案し、黒川紀章氏に補足していただいた「教育は共育」というスローガンのもと実施したプログラムは思い返しても刺激的なものばかりであった。それは学生のみならず、ICSをハブに講師陣たちも成長した日々であったことは間違いない。

現在の拡張し続けるネット時代において最も必要とされているクリエイティヴな人材は実戦的な経験と視点を持ち、人類的目的性が確固としたプロデューサーであると私は信じている。このインタラクティブ・アーツ・ディレクション（IAD）科において運命的に成立した講師チームに育てていただいた人材は今後の激変する社会において必ずや主導的な存在になるであろうと信じている。

*

第 4 章　生活文化とデザイン教育の追求

日本空間から受けたインスピレーション

Portrait
『ゲート、ニューヨーク市セントラルパーク、1979-2005』でのクリストとジャンヌ＝クロード
© Christo, 2005, photo: Wolfgang Volz

―― ブルガリアでは、絵画、彫刻に加えて建築も学んだということですが、インテリアデザインについてはいかがでしょう？

■私が学んだブルガリアの美術アカデミーは、とても古風な学校でした。8年間の課程で、最初の4年間は絵画・彫刻・装飾芸術・建築などを広く学びました。また、一学期か二学期間だけですが医学の授業もありました。アカデミーでは、4年が終わった時点で、絵画・彫刻などの専門を決めるのですが、私は4年の中途でブルガリアを逃れてしまったので、専攻は決めなかったのです。だから、自分が彫刻家なのか、画家なのか、いまだに決められないでいるのです、と冗談を言うこともあります。

　インテリアデザインについて学んだかは覚えていませんが、建築の授業では、模型も作りましたし、空間との関連も学びました。当時から建築にはとても興味があり、1957年に西側に亡命した後、数年前に建てられたばかりの、ル・コルビュジエのロンシャン礼拝堂を見に行ったことを覚えています。最近では、ドイツのオーバーハウゼンで、ベーレンスの建物に足を運んだりもしています。また長年のあいだに多くの建築家と親しくなりましたが、それは多分、私たちの作品には建築的な要素もあるからだと思います。ジオ・ポンティとか安藤忠雄さんとか、実際、アーティストの友人よりも、建築家の友人の方が多いと思います。ちなみにリートフェルトとも60年代初頭に出会いましたが、作品の交換をしたことを覚えています。私の「パッケージ」と彼の椅子を交換したのですが、その椅子は、今も大切にしています。

―― パリで使っていた家具のいくつかは、作品にしてしまったと聞きましたが。

■例えば、オハイオ州のクリーブランド美術館に収蔵されている、『包まれた椅子』は、パリで普段使っていた椅子を布で包んだ作品で、1961年の制作です。実はこの作品を制作する直前に、パリの一部屋しかないアパートの中で、この椅子に座ったジャンヌ＝クロードの姿を写して貰った写真があるのです。撮影した時点で包むことを考えていたかは覚えていませんが……。ほかにもソファを包んだ作品や、テーブルを包んだ作品、テーブルの上に椅子を載せて包んだ作品などもあります。

profile

クリスト・アンド・ジャンヌ＝クロード
(Christo and Jeanne - Claude)

クリスト、1935年6月13日ブルガリア生まれ。ジャンヌ＝クロード、全く同じ日にモロッコでフランス人両親の元に生まれる（2009年没）。
クリストは、ブルガリアの美術アカデミーで学んだのち、西側へ亡命、1956年パリに出る。その年の後半、ジャンヌ＝クロードと出会う。二人は60年前後から共同で、野外空間での大規模なプロジェクトの制作を始める。1964年ニューヨークに移り、以来今日までニューヨークを拠点に活動を続けている。

主な作品：
100万平方フィートを包んだ『包まれた海岸線、オーストラリア、1968-69』、『アンブレラ、日本＝アメリカ合衆国、1984-91』、旧ドイツ帝国の議事堂を包んだ『包まれたライヒスターク、ベルリン、1971-95』サフラン色の布を垂れ下げた7503の門を設置した『ゲート、ニューヨーク市セントラルパーク、1979-2005』

現在進行中のプロジェクト：
砂漠に41万個のドラム缶を積みあげる『マスタバ、アブダビのプロジェクト』、川の流れにそって土手の上に布を水平に張ってゆく『オーバー・ザ・リバー、コロラド州アーカンザス川のプロジェクト』

Photo
(上2点) クリストとジャンヌ=クロード
『アンブレラ、日本=アメリカ合衆国、1984−91』© Christo, 1991, photo: Wolfgang Volz

(左) クリストとジャンヌ=クロード
『ウォール、1万3000個のドラム缶、ドイツ・オーバーハウゼン市、1998-99』© Christo, 1999, photo: Wolfgang Volz

――ニューヨークに来られてからは、リビングルームの椅子やテーブルをご自分で作られたのですよね？

■はい、私が作り、ペンキも塗りました。1964年にニューヨークにやって来て、ソーホーのこのロフトに住み始めた時は、リートフェルトの椅子が一つと、マットレスを持っているだけでした。客を招くために大きなテーブルが必要だったのですが、お金がなかったので自分で作ったのです。96インチ×30インチの細長いテーブルで、それに合わせて、長いベンチやスツール、小さめのテーブルも作りました。50年近くも前のことですが、いまだに使っています。

――ご自身のインテリア感について話していただけますか？

■ジャンヌ＝クロードと私にとって、重要なことはアートだけなのです。それ以外のことに時間を費やす余裕はありません。だから、例えば、どんな椅子でも良いのです。でも、あえて答えるとすると、風通しの良い、ミニマルなインテリアが好きです。私たちのリビング・スペースには、シンプルなソファと、先ほど話した大きなテーブル、ライティングデスク、椅子も兼ねた電話台など限られた家具だけがあります。またリビングの壁面には自分や友人の作品も飾ってありますが、何も架けていない壁面も大きく残してあります。

　私たちのロフトをジャンヌ＝クロードのお母さんが、まるで病院のようだと言ったことがありますが、私自身はゴチャゴチャした部屋にいると息が詰まってしまいます。ブルガリアから西側に亡命してきた時に、私がほとんど何も持っていなかったことに関係しているのかもしれません。

　インテリアではありませんが、ジャンヌ＝クロードも私も、桂離宮が好きで、何回も訪れています。同時代フランスのケバケバしく、バロックな建築とは正反対で、本当にミニマルな点が惹かれる理由なのだと思います。

――日本の風土や景観から、何かインスピレーションを感じたことはありますか？

■ジャンヌ＝クロードと私、そして息子のシリルは、1969年に初めて日本に行きました。その時、日本での空間の使われ方が、私たちが知っているヨーロッパやアメリカのそれと大きく違っていることに驚かされました。都会の道路や町並み、そして田舎でも、日本では限られた空間をとても上手く、また有機的に活用していることが感じられたからです。

　この強烈な印象から新たなプロジェクトを考えました。といっても日本だけを考えた作品ではなく、日本と西洋とを対比させる作品『覆われた遊歩道、上野公園とオランダ、ソンスビーク公園のプロジェクト』でした。二つの公園の遊歩道を、同時期に布で覆うプロジェクトは、許可がとれず実現しませんでしたが、日本と西欧での空間の使われ方や人々の生活の仕方を対比させ、相違点を探り、類似点をみせるプロジェクトへの関心は、消えることがありませんでした。そして1984年に、今度は日本とカリフォルニアを舞台としてスタートさせたのが、アンブレラ・プロジェクトでした。高さ6メートル、直径8.66メートルの巨大な傘を、茨城には1340本、カリフォルニアには1760本設置するプロジェクトが実現したのは1991年でした。太平洋を挟んだ両側で同時に設置・展示されたこのプロジェクトは、日本とカリフォルニアの景観や生活にインスパイアーされた作品と言えるでしょう。

――日本と西洋との空間の使われ方の違いに大きな驚きをもったとのことですが、それは室内空間に関しても同じでしょうか？日本のインテリアについて何か感銘を受けた経験はありますか？

■室内空間でも、壁、ドア、部屋同士の区切り方など、多くの面に日本らしさ、西洋との相違を感じます。実はアンブレラ・プロジェクトの際には、茨城の古民家に住んでいたのです。夜になると布団を出して広げ、朝になると布団を畳んで仕舞い、同じスペースで食事もする。誰かが考案したのではなく、スペースが限られているから自然に生まれたこのインテリアをとても心地よく感じていました。

また、ニューヨークで、柳宗理のバタフライ・チェアを使っているのですが、ジャンヌ＝クロードはこの椅子をとても気に入っていました。簡単に移動できる軽快な家具だったからですが、それも日本的なのかもしれません。

──屋外空間での大規模なプロジェクトに加えて、室内空間での作品もいくつか制作されますが、それらの作品においても空間からインスピレーションを得たことはありますか？

■はい、屋内インスタレーションの殆ど全ては、空間を見た後に考えだされたものです。ジャンヌ＝クロードと私にとって二つ目の室内インスタレーションだった、1971年、ドイツのハウス・ラング美術館での『覆われた床と窓』を例にしましょう。ここは、1920年代にミース・ファン・デル・ローエが個人住宅として設計した建物を美術館にしたもので、多くの部屋がありました。リビングルームなどには枠のない巨大なガラス窓がありました。この窓と、部屋数の多さに刺激され、壁面には何の作品もなく、その代わりに床と階段を布で覆い、窓には茶色の紙を貼るインスタレーションを行ったのです。床と階段が覆われているだけで、中には何もなく、壁面は光によって茶色に塗られたようになった、そんな室内空間の美しさを想像してみてください。

　最近の例としては、ドイツ・オーバーハウゼンのガソメーターでの二つのインスタレーションも内部のスペースと直接結びついていました。ガスの貯蔵施設として建てられた窓のない巨大なシリンダー状の建物で、直径が67.6メートル、高さは117.5メートルあります。その直径に横切るドラム缶の壁をつくったのが1999年の『ウォール、1万3000個のドラム缶』で、内部に収まりきるギリギリに合わせて考えたのが、直径50メートル、高さ90メートルもある巨大な"風船"で、2013年に展示された『ザ・ビッグ・エアパッケージ』でした。

──ICSカレッジオブアーツ、柄澤先生個人との思い出、エピソードがあったらお聞かせください。

■柄澤さんとは、ロンドンの友人を通して知り合いました。1991年、アンブレラ・プロジェクトの実現の少し前のことでした。ICSの授業の一環として、学生をアンブレラの設置作業に参加させたいという申し出があったのです。設置作業に必要な数百人のワーカーの確保に取り組んでいた時期だったので、ジャンヌ＝クロードと二人でとても喜びました。

　プロジェクトの翌年、ICSを訪れ、学生さんたちがデザインした、「クリスト美術館」のプレゼンテーションを聴いたことも良く覚えています。その後も交流は続き、柄澤さんは私たちが日本で講演をする機会を何度もつくってくれました。ICSだけでなく、ほかの大学での講演会もアレンジしてくれたのは、先生の行動力と影響力のおかげだと思っています。もう一つ、2005年に『ゲート』が実現した時に、ICSの多くの学生さんがニューヨークまでプロジェクトを見に来てくれたのは嬉しかったです。

──ICSとの交友のきっかけともなった『アンブレラ』を、クリストさんは、今、どのように思っていますか？

■ジャンヌ＝クロードと私は、これまでに20以上のプロジェクトを実現させました。どのプロジェクトも、私たちにとっては人生の一つの断面なのです。つい最近、『アンブレラ』をスタートさせた、80年代中頃のことを思い出していました。場所を探すための列車での旅、マイクロバスを使っての旅、色々な要素が結びつき、充実し、エキサイティングだったその特別な時間は、二度と体験することが出来ません。

　といっても、『アンブレラ』だけが特別なわけではありません。一番好きなプロジェクトは何かと訊かれることは良くあります。この質問には、ジャンヌ＝クロードがとても旨く応じていました。質問した人に、「兄弟姉妹はいますか」と尋ね、「はい、います」という答えが返ってきたら、「お母さんに一番好きな子供は誰ですか、と尋ねてみてください」と答えていたのです。

（インタビュー／構成：柳正彦）

第 4 章 生活文化とデザイン教育の追求

Christo and Jeanne-Claudei

Photo
（上）クリストとジャンヌ＝クロード
『包まれたポン・ヌフ、パリ、1975-85』© Christo, 1985,
photo: Wolfgang Volz
（右）クリスト『包まれた椅子（1961）』© Christo, 1961

デザインマネジメント、デザイン教育のあり方について

Portrait
撮影：Mads Mogensen

Photo
（上）アレッシィ・ショップ（ニューヨーク、ソーホー）インテリアデザイン：アシンプトート
（下・右）アレッシィ・ショップ（ニューヨーク、ソーホー）／撮影：Jacob Layman
（下・左）アレッシィ・ショップ（パリ・フラッグショップ）／撮影：Image Kontainer

profile

アルベルト・アレッシィ（Alberto Alessi）
1946年ノヴァラ県アローナ市生まれ。
アレッシィ社代表取締役社長として、同社のマーケティング戦略、コミュニケーション、デザインマネジメントの長を務める。父カルロ・アレッシィの長男で、創業家三代目にあたる。1970年法学部を卒業した翌日に同社に入社、当初は営業部、商品開発部、コミュニケーション部で活動した。入社以来、世界各国の建築家、デザイナーとのコラボレーションをスタートさせ、デザイン界の優秀な人材の起用により、同社を世界的なブランドに成長させた。著書に『La Cintura di Orione』(1986)、『Not in Production next to Production』(1988)、『The Dream Factory』(1998、日本語版が翌99年光琳社出版から出ている)等多数。世界の建築、デザイン誌、および関連出版物に多数寄稿するとともに、国内外のデザイン系大学で客員教授を務める。

　アレッシィの新製品の開発において、インテリアデザインの流れを常に念頭においているかというと、必ずしもそうとは言えません。たとえば、一昔前は、他の多くの業界がデザインマネジメントをより適正化することによって、もっと素晴らしいものを開発できると思っていました。その想いは今も変わりませんが、私がこの問題に取り組むにはおそらく少々歳を取りすぎたかもしれません。

　アレッシィは、世界各国で数多くのワークショップを開催してきました。それはデザインの一種の啓蒙活動でもありますが、「デザイン教育」の可能性については、常に肯定的な捉え方をしているわけではありません。それがうまく機能するためには、何よりも本物のマエストロ、巨匠と呼ばれる建築家、デザイナーに関心をもってもらえるかどうかがポイントになります。忘れないで欲しいのは、イタリアのほとんどのマエストロは、「学校」とは無縁のところから出現しているということです。

　柄澤立子さん、そしてICSカレッジオブアーツとのコラボレーションは、友人のマサシさん、私のアシスタントのグロリアさんの助けもあって、長年続きました。残念ながら、そこから製品化されるものはありませんでしたが、その経験は私たちにとって、かけがえのないものになっています。

第4章　生活文化とデザイン教育の追求

Photo
（上）アレッシィ・ショップ（ミラノ・フラッグショップ）
（左）アレッシィ・ショップ（パリ・フラッグショップ）
撮影：Image Kontainer

Photo
（上段左から）
調味料セット「5070」デザイン：エットレ・ソットサス（1978年）／撮影：Alessi Archive ｜ カトラリーセット「4180」デザイン：アキッレ・カスティリオーニ（1982年）／撮影：Alessandro Milani ｜ スクイーザー「ジューシー・サリフ」デザイン：フィリップ・スタルク（1990年）／撮影：Stephan Kirchner

（下段左から）
エスプレッソ・コーヒーメーカー「9090」デザイン：リチャード・サパー（1980年）／撮影：Alessi Archive ｜ ケトル「9093」デザイン：マイケル・グレイブス（1985年）／撮影：Alessi Archive ｜ エスプレッソ・コーヒーメーカー「ラ・クーポラ」デザイン：アルド・ロッシ（1989年）／撮影：Alessi Archive ｜ コークスクリュー「アンナ・G」デザイン：アレッサンドロ・メンディーニ（1994年）／撮影：Riccardo Bianchi

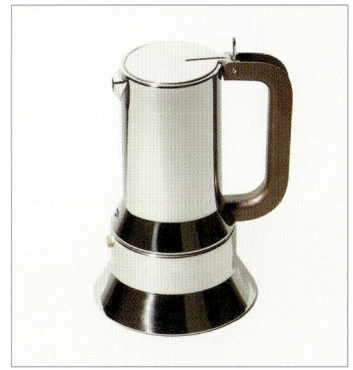

人を残して死ぬ者は上

Photo
資生堂「HGスーパーハードムース」TVCM（1995年）

profile

河原敏文（かわはら としふみ）

1950年京都市生まれ。
関西学院大学英文学科卒業後、カリフォルニア大学ロサンゼルス校（UCLA）芸術学部デザイン科大学院修士課程修了（M.A.）。83年株式会社ポリゴン・ピクチュアズ創業。2001年3月同社退社、同年（株）オフィシャル・タブー設立。現在はフリーのプロデューサー、ディレクター、CGアーティストとして活動中。02年〜08年名古屋学芸大学教授（メディア造形学部映像メディア学科）。TDC会員金賞（1990年）、毎日デザイン賞（93年）、ACC最優秀テレビスポットCM賞（95年）、IBAベストテレビCM賞（96年）等国内外での受賞多数。映像出版に「映像の先駆者」シリーズLD、「XYZ：河原敏文とポリゴン・ピクチュアズのコンピュータ・グラフィックス」（LD&VHS）、著作に『DANCING ALPHABET：河原敏文作品集』、『河原敏文』（ggg books）、『Super team Polygon Pictures』等。

　50年前に柄澤立子先生がお植えになった小さな一粒の種は、今、大樹となりました。ここに至るまで、この樹は多くの人々の努力と協力により大きく育てられてきました。

　第一期は苦難の時代だったと思います。インテリアデザインという概念そのものがない時代です。柄澤先生の著者『夏茶碗 冬茶碗』に、その時期の大変さが描かれています。「『インテリアセンタースクール』って、インテリを育てる学校ですか？」という笑い話のようなエピソードがいくつも紹介されています。

　公団住宅に入居された柄澤先生は、当初ご自身の住空間を美しくするために、色々工夫された過程の中で、「やっぱり、きちんとインテリアデザインを学ばないと」と思い立ち、学校を探された。しかし、ご自分の満足できる学校がない。じゃあ、自分で作ろう。その後は、お金も場所も全くないゼロの状態から、様々なアイデア、圧倒的な情熱、男勝りの行動力、そして何よりも人間味溢れるチャーミングさで、会ったことのない当時の業界の大物を、次々に口説いていきます。大物ほど、ダイヤモンドの原石を見分けられます。豊口克平、中村順平、川上信二・玲子夫妻、島崎信、当時のインテリアデザイン界のリーダー達が手弁当で応援します。同時に、各界で活躍する多くの人々が先生を支援しました。松方雅子、宮澤修、鮫島純子、松平寿夫、堀内稔、日比賢昭を始め枚挙にいとまがありません。

　第二期は日本の高度経済成長という太陽の光で、ICSはすくすく育ちました。この時期、柄澤先生は次から次に新しい教育の企画を打ち出されています。クリエイターは常に本物を見続けることが重要だという信念から、ICSの教師をアメリカ・ヨーロッパに連れて行き、本物の芸術やデザインを見せ、そのことはやがて、カリキュラムの一環として発展し、毎年学生達もこの貴重なツアーを体験出来るようになりました。

　第三期は同じような専門学校が増え、やがてバブルがはじけ、本物だけが残るようになっていった時代だと思います。1990年代、インターネット社会に先駆け、インタラクティブ・アーツディレクション科が設立されました。CGが専門の私が、特別授業を持ち始めたのはこの頃からです。35年前、私がアメリカ留学から帰国した1970年代後半、日本にコンピュータ・グラフィックスという言葉さえ知られていませんでした。また、パーソナルコンピュータさえありませんでした。パイオニアの一人としてCGを広めてきた私の活動を、柄澤先生は説明しなくても深く理解して

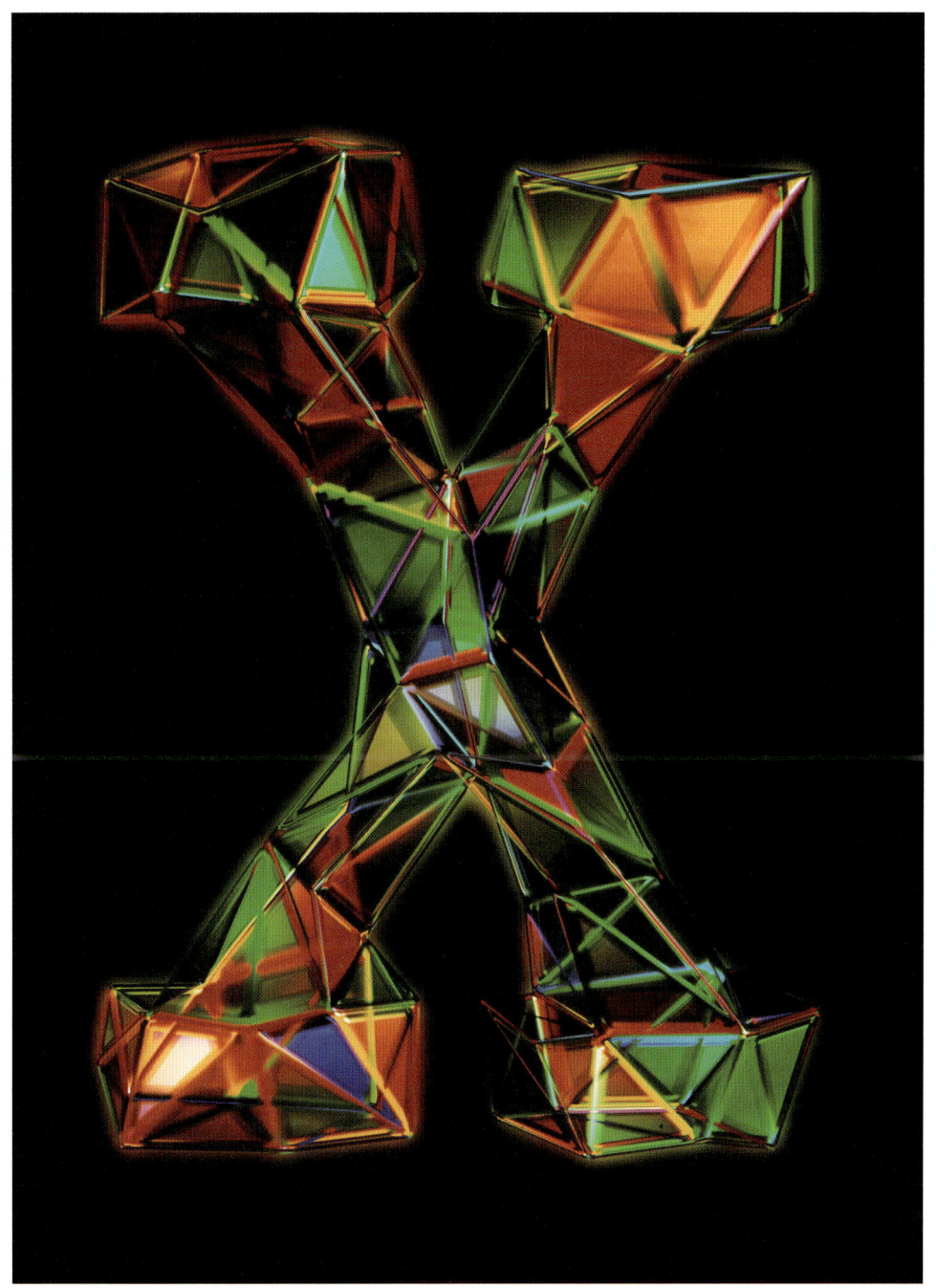

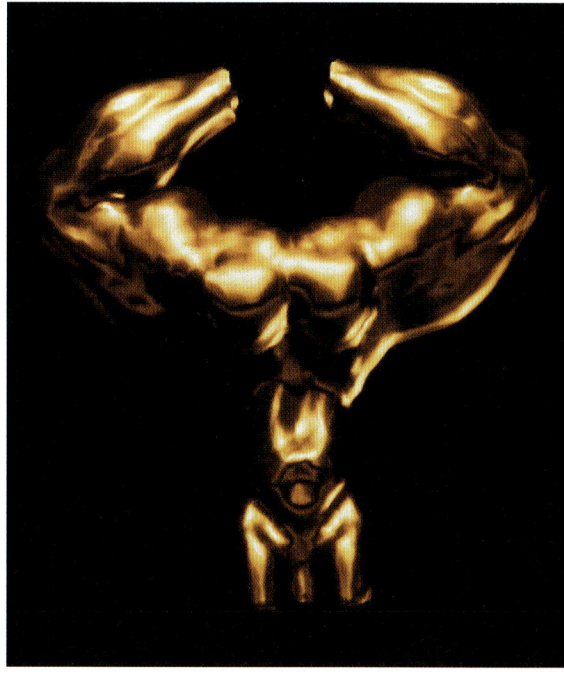

第4章 生活文化とデザイン教育の追求

Photo
（左）"X"「たて組ヨコ組」10周年記念ポスター（1993年）
（右）"In Search of Muscular Axis"（1990年）

くださいました。2005年までが、ICSは柄澤先生の時代、そして2006年に水野誠一さんに引き継がれました。

　ICSの歴史は日本のインテリアデザインの歴史そのものです。ICSの沿革のページは次のように始まります。「ICSは1963年に設立された。日本で初めてのインテリアデザインの専門学校です。これまで約半世紀にわたって、ユニークなカリキュラムで多くの優秀な卒業生を国内外へ送り出してきました」。

　慶應義塾大学、早稲田大学、同志社大学は、福沢諭吉、大隈重信、新島襄が作ったのです。理想と哲学と情熱を持って。そして、何よりも教育と学生達への深い愛を持って。

　後藤新平が生前繰り返し言い続けていた言葉があります。「金を残して死ぬ者は下。仕事を残して死ぬ者は中。人を残して死ぬ者は上。」　まだご存命ですが、柄澤先生は上です。この50年間にICSで学んだ六千名近い卒業生の中から多くの優秀なデザイナーが国内外で活躍しています。50周年を迎えたICSが、創業者の柄澤立子先生の教育に対する真摯な情熱と哲学を引き継いで、さらなる素晴らしい教育機関に発展されることを、心よりお祈り申し上げます。

からっぽの建築を満たすこと

profile

マニュエル・タルディッツ（Manuel TARDITS）
建築家
1959年フランス・パリ生まれ。
88年、東京大学大学院修士課程修了。88-92年、東京大学大学院博士課程（単位取得退学）。
92年、セラヴィアソシエイツ設立。95年、みかんぐみ共同設立。
95年〜、ICSカレッジオブアーツ教授、2006年より同校副校長。
06年、フランス芸術文化勲章（シュバリエ）受賞。
13年〜、明治大学大学院特任教授。

　建築は世界中のほとんどの学校で、その基本的で明白な部分、つまり空間と名付けられたものをいつも見落として教えられているのである。そういうと変に聞こえるかもしれない。なぜなら建築とはどのように空間を創造し、構成するかということが教えられるはずだからである。しかし、それがどんなに真実だとしても、どの学校も明確に内部空間を定義することを忘れている、学生も部屋というスケールのなかで、注意深く厳密な関係の中で展開させるデザインの手法を確立させる術について尋ねてくることは決してない。日本も例外ではない。その中で1963年にICSカレッジオブアーツが家具デザインを含めたインテリアデザインの専門学校として設立されたことはとても画期的なことであったといえる。

　私は母国フランスで、まず建築の勉強をした。そこでは集合住宅や公共施設を中心としたデザインが教えられていた。反面、個人住宅や店舗、オフィス空間はその教育プログラムから外されていた。フランスといえばカフェであったりレストラン空間の魅力が挙げられるが、それも当時は私にとって興味のなかったことだ。それまで私は外で食事をすることも飲むこともほとんどしなかったし、言い換えればインテリアデザインの大切さに気がついていなかった。ところが日本

に来て、私の関心も変化した。若い学生だった当時私はあたらしい経験がしたくていろいろな場所に住んだ。そして、地元の安い定食屋さんで食事をし、友人と飲んだ（ココでは、私はお茶をすすることを楽しんだ）。そして、桂離宮のような美しいものにであった。そういう日常の生活が私のインテリアデザインへの興味や理解の発端となった。インテリアアーキテクチャーとは、あえていうのなら、人々の生活と建築の結びつきである。それが核心だと思う。

私は1992年からICSカレッジオブアーツで教えはじめ、それはインテリアデザインへの理解と悦びをさらに深めることとなった。小さな定食屋さんで偶然に柄澤先生とお会いしたことがそのきっかけである。それから1年後、私は教えるという初めての機会をいただくこととなった。多くの教授がそういうけれども、教えるということは、学ぶことであり、私も建築やインテリアデザインについてこれまで多くのことを学んで来たと思う。私はこれまでの経験が変化させたものは、建築というからっぽな概念がインテリアという豊かさで満たされていることを感じることだと思っている。

Photo
（左頁）
「マーチエキュート（mAAch ecute）」
神田万世橋（2013年）

（上）「フランス大使公邸改修」（2008年）
（下）「青山のオフィス改修」（2013年）

多くの人々に支えられたICSの先見性

島崎 信
Shimazaki Makoto

profile

島崎 信（しまざきまこと）

東京生まれ。
東京藝術大学美術学部卒業。デンマーク国王立芸術アカデミー建築科修了。コペンハーゲン工業技術大学木工科修了。東横百貨店（現東急）家具デザイン、商品企画担当。島崎信デザイン研究所設立。現在の島崎信事務所として、デザイン実務を続けて現在に至る。
武蔵野美術大学で、豊口克平教授の下でインテリア研究室の創立にかかわり、同校教授。2003年同校名誉教授。
北欧インテリアの日本への紹介と近代椅子の研究と展覧会等の社会活動を活発に行っている。内外の教育機関での授業講演会及び建築、インテリア、及びインテリアプロダクトのデザインも行っている。
著作に『一脚の椅子・その背景』『美しい椅子』〈1〉〜〈5〉、『デンマーク デザインの国』『ウンザーチェア大全』他多数。
現在、武蔵野美術大学名誉教授。北欧建築デザイン協会理事。日本インテリア学会顧問、NPO 東京・生活デザインミュージアム理事長、公益財団法人 鼓童文化財団理事長。

「専門学校ICSカレッジオブアーツが2013年に創立50周年を迎える」というお知らせをいただいて、半世紀、50年という重みと年月の過ぎゆく早さに驚くと同時に、さまざまな事柄の想い出に、しばし、感慨にふけってしまいました。

そして「インテリアデザインの半世紀」という、小粋なタイトルを付ける周年記念事業出版のために「原稿」を、という光栄なご依頼をうけて、更めて「この半世紀の日本のインテリア」は、日本人の生活様式の大転換の50年だったと、歴史的にみて、後世の人が位置づけるのではないかと思えて来ました。即ち、伝統的な日本人の床座、たたみの上の生活様式から椅子座のフローリング、カーペットの床、立ち姿勢の生活様式が、一般的に普及した半世紀でした。

その時代に、現在進行形の形で、同時代を生きて来たということは、めぐり合わせとはいえ、ある意味、貴重な体験だったといえるかもしれません。

都会に生まれ育った私の、東京・文京区本郷という住所の住いには、「縁の下」があり、朝夕に上げ下ろしをする夜具蒲団を仕舞う「押入れ」がありました。すぐ近処の、ゆとりのある住いには、小さいとはいえ、塀に囲まれた庭があり、その住いの縁側との兼ね合いは、屋外のみどりと共生する室内のたたずまいであり、暮らし方でした。そしてそこはたたみの暮らしであり、座蒲団に座卓、卓袱台の住い方でした。

一般の家庭の生活様式は床座であっても、椅子を使う生活体験は、半ば日常的なこととして、日本人は毎日をすごしていました。

明治の開国以来、小学校、病院、官公庁や商店、食堂などでは椅子式のただずまいは、ごく普通のことでした。日本人は、床座と椅子座の生活を、ある意味での公的空間と私的生活の中で、巧みに使い分けを行っていたといえるでしょう。

第二次大戦で、日本の主要都市は焼滅、廃墟、焼け野原となり、いわば「ゼロ」からの住いの変遷は急激に変ってゆきました。占領軍住宅の暮しを身近かに垣間見ると共に、外国映画に見るかの地の住いと暮しぶりに、憧れと刺激を受けつづけました。

住宅公団のコンクリートの中層住宅の出現と共に、ダイニングキッチンには食卓と椅子が配置され、室内を全体的に考える視点—インテリア—が、おぼろ気ながら生まれて来たのは、1950年代も後半、1960年からと云って良いかも知れません。

「専門学校ICSカレッジオブアーツ」が創立50周年ということは、創立は1963年となりますか。当初「ICS」―インテリア・センター・スクール―の名を掲げてのスタートは、恐らく、日本で初めての「インテリア」という言葉を校名に付した学校だったと記憶してます。「インテリア」という概念、その言葉が世の中で流布される以前に近未来を予見した校名は新鮮で、眩しい新たな時代の学校の誕生でした。

　千葉大学の狩野雄一先生のご指示で訪れた開校して間もないICSは、市ヶ谷からの坂を登った「染色会館」の5階を、いくつかの教室に分け、一番奥の教務室は、腰高の窓に面した細長く狭いという印象だけが残る部屋でした。58年から60年にかけて、デンマークの王立アカデミー建築科家具研究室の研究員として、デンマークの家具、インテリア教育に接して来た私に、ICSのカリキュラム作りを手伝わせるというのが狩野先生のお考えだったのでしょう。
　教務室でお逢いした創立者、校長の名刺の方が30代前半のあまりにもお若い女性で、しかもはっきりとした教育ヴィジョンを述べられる姿にタジタジとなった記憶が、今も鮮明に思い出します。

　校長、柄澤立子先生の新しい時代に拡がるインテリア教育への熱意に、当時の建築家、家具・インテリアデザイナーの多くが共感してくださり授業を持って下さった。網戸武夫、豊口克平、狩野雄一、大泉博一郎、剣持勇、諸先生をはじめ、多くの日本のインテリアデザインの基礎造りにかかわられた方々が協力を惜しまれない期待がICSにはありました。
　その中でも私の印象に強く残っているのは、ヨーロッパのインテリアを日本に紹介した大先達であり、外国航路の日本客船に世界に通用する質の高いインテリアデザインをされた、中村順平先生の姿だった。
　その中村順平先生が、柄澤校長のICSへの熱い想いを結実し、デザインされた、ICSの校章のデザインは、すばらしく輝けるもので、正にICSの宝ともいえるデザインと私は思っています。

　ICS50年の歴史は、現在も新たな1年、2年と加えながら、多彩な秀れた人材を世に送り出しています。
　日本のインテリアデザイン教育の一角に確固たる位置を築いたICSの今後に大きな期待を、私は抱いています。

『柿の木坂新校舎』
― 創立50年の中間点に立ち会って

藤木隆男　Fijiki Takao

ICSアートオブカレッジ「アクソメ」

Photo
ICSアートオブカレッジ「外観」（2014年撮影）

profile

藤木隆男（ふじき たかお）
建築家／管理建築士（一級第76089号）
1946年山形県生まれ。
69年東京都立大学卒業。71〜90年坂倉建築研究所勤務。90年藤木隆男建築研究所設立。95〜2001年東京都立大学助教授。02〜04年芝浦工業大学教授。05〜07年明治大学客員教授。07〜09年日本女子大学非常勤講師。08年全社協保育空間検討委員会専門委員。09、10年医療福祉建築協会作品賞審査委員。12年〜神奈川県大磯町景観アドバイザー。教育、医療、福祉施設から商業施設、住宅まで作品多数。
「東京サレジオ学園」で第14回吉田五十八賞（1990）、「育英学院サレジオ小・中学校」で第1回日本建築学会作品選奨（1994）、「末広保育園・デイサービスふくじゅ」で第9回公共建築賞優秀賞（2004）、「宮城県立がんセンター緩和ケア病棟」で第25回東北建築作品賞、第4回医療福祉建築賞（2005）を受賞。

　昨秋、創立50周年記念誌への寄稿依頼を頂いたとき、すぐ念頭に浮かび、書こうと思ったのは、柿の木坂新校舎計画の頃のICS内の空気、つまり当時の柄澤校長以下、垂見副校長、田中先生、大村先生、藤田事務長ほかの計画に直接係わられていた先生方の「熱気」のようなものであった。それはこの50年のほぼ中間点（私にとっては坂倉事務所から藤木アトリエへの移行期）にあたる平成元年前後のことである。柿の木坂新校舎計画を坂倉事務所に委託された学校側は、「建築をインテリアデザインの生きた教材に」という、デザイン教育への熱情からくる新校舎への並々ならぬ期待とヴィジョンを示された。もちろん事務所側もそれに応えるべくいつものように精励した。しかし、与えられた困難な敷地条件やプログラムにリーズナブルな応答をしたつもりの事務所の提案は、当初施主側の満足を得られるものではなかったのである。

　つまり、それは学校運営上の必要教室数を確保できておらず、その建築表現もデザインの専門学校としてのインパクトに欠けていたのだ（模型写真／右頁・左下）。そこで設計期限ぎりぎりまで、さらに有りえないような教室数のすし詰め配置が追及され、試行錯誤の上カラフルなモザイクタイル張の外装デザインに到達した。しかし着工後も先生方の新校舎への熱意はやまず、更に強い表現が探られてゆくのであった。ちなみにガラスブロックの表装は、実施設計までは何色かのパステルカラーの細長い直方体を束ねたものであったが、工事も進行しいよいよ実行計画の決定が時間切れという瀬戸際で、ガラスブロックへの大幅な変更案が採用されたのである。

　雑誌に発表される作品に寄せる建築家の言説には、いつもそれが意志的またはアプリオリに生まれてくると説明されがちであるが、こと「ICS柿の木坂新校舎」に関して言えば、優れてそれがクライアントの「約束の地」へのあくなき希求の賜物であることを今は素直に述懐できる。以下やや長くなるが、掲載誌『新建築1993年3月号』の記事の中の説明文を再録してみたい。当時の学校の要求や建築成立の過程が、幾分かでも整理され明らかにされればと思うゆえである。

　〈敷地は目黒通りと環7の交差点, 柿の木坂陸橋に面した, 開けた都市環境をもつ150坪余りの住宅地であった. 私たちは, 3年前の春分の日, 休日の旧校舎のすべてとこの敷地とに初めて触れた. 柿の木坂は, 東京オリンピック当時, 道路拡幅と接道宅地の整備が行われたが, 敷地も2メートルほどの石積みの擁壁の上に, その昔歌に歌われた東京郊外の長閑な住宅地の佇まいを残していた. 実は, この幹線道路上の住宅地という, 時と場所のアンビバレントな光景が, この建築のその後の生成の曲折と帰結をすでに暗示していたのである. まず敷地は,

幅28m余りの目黒通りに直接面しているにもかかわらず，住居地域で，北側隣地は1種住専・1種高度という都市計画条件をもつ．8×10mの整形な教室（3学年3クラスの9教室を、不等辺四角形の敷地の形と，北側斜線・日影規制による形体制限のアミの中に納めるというパズルワーク．そして，その結果生み出されるさまざまなパターンの平面の検討と，無数の模型による形体スタディ．この果てしない作業の繰り返しの中から浮かび上がってきたのが，「中廊下・雛壇」状の教室の配置である．教室以外の諸室は残されたわずかな空間（三角スペースや地下）に嵌め込み，付加しつつ，何とか要求を満たすことになった．結果として生じた雛壇状の屋根＝ルーフテラスを，屋根のないもうひとつの教室として捉えてみようということになったが，それはまた，キャンパスのないこの学校の立体的なキャンパスとしても読み取ることの可能なスペースなのであった．そこで，このテラスをヒイラギモクセイの生垣で囲み，周辺住宅地に柔らかく抑えた構えとしつつ，「教室の中庭」として室内化し，6連のテラス戸で教室を中庭に開放したのである．中庭はこの都会の学校建築で，学生に捧げられた貴重な外部空間である．雛壇状のテラスは，外部階段で連結され，学生が自由に回遊できる，ささやかで気の置けないキャンパス空間となった．ただ，このつつましい教室まわりの空間を，交差点に露出させるはやや忍びなく，都市に対してあまりに無防備である．そして，この学校建築の「都市の室内」としてのファサードは，その与えられたロケーションからしても，内的必然性の発露だけではすまされないし，ふさわしくないように思われた．私たちは，この学校建築が柿の木坂に発信するコトバとして，柿の木坂の喧騒から身を包む衣裳として，ガラスブロックの塔と湾曲するコルゲート板のスパンドレルを選んだ．それは，教室の整形な配列とは異なり，光とカタチの「過剰であいまいな」仕掛けとして装着され，柿の木坂と対峙している．さまざまな意匠がせめぎ合う今日のデザインの「渚」に，この学校建築も立っている．「≒モダン」な建築として．（藤木隆男）〉

今読めば舌足らずで古色蒼然とした建築言説だが、この「ICS柿の木坂新校舎」の仕事を区切りに坂倉を辞して、藤木アトリエを開いた私たちは、開設パーティーを表参道のイタリアンレストラン「ラフィナート」で行い、100人を超えるゲストの中からクライアント／恩人の一人として柄澤先生に御祝詞と激励を頂いた……それからはや25年。建築のアフターケアで久しぶりに学校を訪れた際にお会いし、ご尊顔を拝した日の柄澤先生は、相変わらずのショートの御髪がすっかり白くなられたものの、「熱き日の志」を内に秘めておられてか、優しく穏やかな会話に終始された。

これまで、この建築は「柄澤先生の25年」と共にICSの日々の出来事を目撃、経験して来た訳だが、「この後の25年」をどのように迎えようとしているのだろうか。それは次の50年誌を待たねばならない。いずれにせよ、このインテリアデザイン教育の「道場」のように徹底して実用的な学校建築が、もうしばらくの間、学生と先生方との真剣な鍛錬とわずかな安息をもたらし続けてくれることを願ってやまない。

Photo
（左）当初、提案された「模型」
（中）ICSアートオブカレッジ「ルーフテラス」
（右）ICSアートオブカレッジ「サンクン」

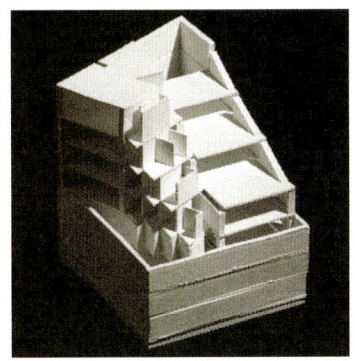

インテリアは空気。それは、人の暮らしの結果。

山本寿美子 Yamamoto Sumiko

どりーむ創刊号とDREAM最近号

profile

山本寿美子（やまもとすみこ）

新聞記者を経て、1964年2月「どりーむ」を創刊。当時、憧れの西洋のインテリアアイテムを手にすることが可能となったタフテッドカーペットは、「織る」のではなく「刺す」新型のマシーンで、量産の兆し。が、まるで普及品。当時の駐留軍施設用に納入される米国のは分厚く豪華。調べるにも日本には資料が無く、現地に行くしかない。訪ね探してジョージアまで。「日本は30年遅れているよ！」とも言われた程。ついでに、北回りで、北欧からヨーロッパ各地の状況を取材。遅れ具合を確認。変わりゆく日本のインテリアを生活者の視点で、生産、流通を通した新しい流れを取材、紹介すると同時に、その時々の暮らしの先端を見せていく「人・モノ・場」の関係をビジュアルに月刊で紹介。モノ進化の成熟期への移行が見られるようになった2005年からは季刊で発行。また、関連作業として、住宅のインテリア設計、店舗設計、商品企画プロデュース等も行っている。

　DREAMも今年、創刊50周年を迎えました。当時はまだ、インテリアという言葉は通じませんでした。で、東京と大阪の繁華街と当時の新しい住宅地、東京は、銀座4丁目、新宿3丁目、自由が丘…。大阪は、梅田、難波、そして入居者のいる千里ニュータウンの1棟目などでインタビュー形式のアンケート調査をしました。「インテリアって、ご存知ですか？」と。返ってきた答は、当時流行っていた言葉「インテリー」ですか？と聞き返す人が多く、「室内のことでしょうか？」との回答を得たのは、銀座4丁目でお一人だけ。今で言うインテリアメーカーも呼称は、○○商店、○○商事でした。

　そんな当時、インテリアセンタースクールを開校、校長になられた柄澤立子氏と取材先で出会い、話題がインテリアになって、柄澤さんは「インテリアの学校を始めたの…！」とおっしゃり、私は「インテリアの専門誌を発行する」ことを話し、二人して明日のインテリアを語り合った記憶が、50年の時を振り返らせます。

　そして、半世紀。時代は、人を大きく変えました。1945年を境に。その筆頭は人のマインド。敗戦の反動は、人々を明るい未来へとかきたて、三世代の変化を見せていった50年でもあります。暮らしや住まいは、まず手っ取り早く見えるモノから、先進の、憧れの暮らしの真似から始まりました。

　人がそれぞれの発育発展の段階でそれなりの熟成（maturity）を経て、自分なりの判断力を身につけた成人（おとな）になるまでには、時間がかかります。その人格に結びつく教育と教養とその行為が、結果、暮らしの場に表れる大事さと、世代の過程を繋ぐ新たな価値観をプラスした人を育てる知力・気力のいる大変なことに挑戦された柄澤立子校長のその実りの成果は、また、新たな時空への豊かな生活美をクリエイトする世代を期待させます。

　借り物文化の後遺症は、いまだ巷で散見され、ケ・ハレ、メリ・ハリといった暮らしの日常美や文化の継承、羞恥や節度は曖昧となり、人目を憚ることも無くベランダに干されるふとんや洗濯物の情景など50年前とあまり違いません。違ったと言えば、家もふとんも誂え作るものではなく、選び買うもの。商品になった、ということでしょうか。

　つまり、選択眼の必要と重要性が注目され、デザイナー、コーディネーターが、新たな職種として浮上、ワークを広げていきました。が、まずは見えるモノからのアレンジで始まったインテリアのもろもろは、今、見えないコトの大事さに気づき、過去を理解、そして現在を見つめ明日を考える余裕のマインドでの可視化へと移り、次なる世代の新たな志向も散見され、時の「知」と「五感」での暮らしのアレンジを期待させます。

　私も今、インテリア誌DREAMの創刊50周年を迎え、記念号を4号に分け特集しようと、編集しているところです。「インテリアは人。そして空気。それは感じること。見えるのは、暮らしを結果として見せていく時の表情」。その経過を定点観測。気づきと、明日を感じながら…。

第4章　生活文化とデザイン教育の追求

■1979年、「和・洋」好きを同居させるライフスタイルのマンション暮らしのインテリアに改装
　敷きふとんは畳んでタテにして奥行きサイズを狭め、いわゆる押し入れサイズを解消してコンパクトに収納設計

■2004年、親世代と子世代が交換してのリフォームで、ヘーベルハウスをスケルトンに戻して室内設計
　寝室の壁は、緞子張りで床はカーペット…と、音を消し、保温性を高め、高齢を考慮してエレベーターを設置

（上）リフォーム後の1F
　　　リビング中央にエレベーターをガラス張りにして配置
（下）リフォーム後の寝室

（上）リフォーム前
（下）リフォーム後

山本寿美子　Yamamoto Sumiko

インテリアデザインの半世紀

柄澤立子 Karasawa Ritsuko

profile

柄澤立子（からさわ りつこ）

1936年東京都生まれ。
62年10月インテリアセンタースクール（現・学校法人環境造形学園 専門学校ICSカレッジオブアーツ）創立。63年3月同校を千代田区四番町にて開校し、理事長、校長に就任。
全国美術デザイン教育振興会理事、全国専修学校各種学校総連合会評議員、全国専門学校協会理事等を歴任。95年文部大臣賞（専修学校教育功労）受賞。97年目黒区教育委員長。98年目黒区行政功労表彰（教育行政功労）。2003年英国国立ノッティンガムトレント大学より、日本人女性としては初めて名誉修士号（デザイン教育功労）を授与される。

ICS創立の理念「人、もの、空間の調和を目指して」

戦後、焦土と化した国土に大量の住宅を建てるという課題に直面した日本は、1950年、個人の住宅建築資金を貸し付ける住宅金融公庫を設立しました。しかし、自力で家を建てられる人はひと握りにすぎず、政府は55年に日本住宅公団を創設、57年から公団住宅の建設を始めていました。私が空間デザインを総合的に学べる学校を作りたいと思ったきっかけは、1958年、まさにその公団住宅に自ら入居したことでした。

昔ながらの日本家屋から一転、コンクリートの箱のなかで暮すことになったのですが、外見とは異なるその内部空間に大いに頭を悩ませました。それは、日本における住宅革命の始まりでしたが、私にとっては、より豊かな生活空間を追求する戦いの始まりでした。

当時の東京は、オリンピック開催をひかえて、高速道路をはじめとするインフラの整備が急ピッチで進められていましたが、庶民にはほとんど何の情報も提供されないまま、街並が破壊され、日本の伝統的社会、文化がいくつも消えていきました。現代的なビル、住宅が大量に建設され、生活様式まで一変させることになりました。これまでに捨てられてきた貴重なものの多さに、今も心が痛みます。

いずれにしても、急速に住空間が変わり、暮し方が変わるのを目の当たりにして、私は個人的な興味を越えて、インテリアデザインの教育、啓蒙の必要性を強く感じたのでした。そこで、まずは自ら学ぼうと、インテリアデザインが勉強できるところを探したのですが、日本はもちろん海外にも見あたりません。ないなら、作ってしまおう。そう思い立ち、自分で働いて貯めた資金をもとにスタートしたのが、ICSカレッジオブアーツの前身、インテリアセンタースクールでした。東京オリンピック開催の前年、1963年のことでした。

開校に先立って、私は最新の情報をもっていると思われる、海外留学から帰ったばかりのインテリア関係者に声をかけました。たとえば、スウェーデン留学から帰っていた家具、テキスタイル・デザイナーの川上信二氏、玲子氏夫妻、デンマーク留学から戻っていた島崎信氏（現武蔵野美術大学名誉教授）などに講師をお願いし、快諾いただきました。同時に、日本室内設計家協会の先生方や、彼らを介して知り合った建築家の網戸武夫氏、成沢潔水氏にも応援を依頼しました。幸運にも、ちょうどそのころ、網戸武夫氏が設計し、ご自身の事務所も置かれていた千代田区四番町の染色会館五階に空きがあり、ここが、最初の小さな「校舎」となりました。

教育水準の高い専門学校へ

その後、創立から10年を迎えた1973年には、校舎を目黒区碑文谷に移転し、インテリアデコレーター科（略してDECO）を設置しました。デコレーターとは、多様な製品の中からデザインや品質の価値を判断し、それらをデコレーション（デザイン構成）することで、快適で美しいインテリア空間を創造する人のことです。家具のみならず、豊かな生活知識に根ざした「暮し」について、適切なアドバイスができるプロフェッショナルのことで、欧米では広く認知されています。

今でいうコーディネーターと同じだと思われるかもしれませんが、日本ではメーカーのシステムエンジニア的な人材までコーディネーターと呼ばれていました。私が育成したかったのは、ク

ライアントの意向を理解し、表現できる感性豊かな人材でした。ですから、私はあえてこの"デコレーター"という言葉にこだわりました。「インテリアコーディネーター」の資格制度ができたときも、ICSは「創る人」の学校であり、資格試験の教育はしないという信条を貫き、あえてこの名称を残しました。

　1977年には専門学校として認可され、84年にインテリアデザイン科に三年制を導入（専門学校では本邦初）、90年に学校法人の認可を受けました。92年には、創立30周年を記念して、柿の木坂に新校舎を落成し、95年に校名を現在のICSカレッジオブアーツに変更しました。さらに99年、英国国立ノッティンガムトレント大学との学位提携を開始、同時にインテリアマイスタートレイニー科を設置しました。

　英国国立ノッティンガムトレント大学は、1843年に国立ノッティンガムデザイン学校として創立され、現在は9学部27学科を擁する、英国でも屈指の国立大学です。芸術・デザイン学部は、質の高いデザイン教育で、ヨーロッパ各国で高い評価を得ており、著名なデザイナー、ポール・スミスなどを輩出しています。

　両校の交流は94年から始まり、主にICSの卒業生の英国大学の編入や、教授法の情報交換などを行っていました。とくに芸術・デザイン学部長のサイモン・ルイス氏は、何度も来日してICSを訪れ、私たちはデザイン教育について熱心に語り合いました。

　こうした交流を通して、ICSの高い教育水準が認められ、ノッティンガムトレント大学は四年制、ICSのINT科は三年制なのにもかかわらず、先方から学位提携を申し出てくれました。これによって、ICSを卒業すると同時に、INT科は英国の学位BA（学士号）を、DECO科（二年制）はディプロマ（準学位）を取得できることになりました。英国に留学しなくても英国のBAがとれる。卒業生はそのまま英国の大学院に進むこともできるし、海外で研修や仕事をするうえでもがぜん有利になる。こうした学位提携は、専門学校や大学など、日本の高等教育機関で初めて実現したことでした。

恩師、中村順平先生のこと

　ICSの校章は、ギリシャ神話の女神アテナの兜を象っています。この女神はゼウスの娘で、知識と芸術と美の神であり、人々に糸を紡ぐことと布を織ることを教えました。ギリシャの英雄たちの守護神でもあることから、兜を着しています。ICSの未来に「美への奉仕」という願いを込めて、この素晴らしい校章をデザインしてくださったのが、日本建築界の巨匠、中村順平先生でした。

　中村先生は、名古屋高等工業高校卒業後、曽禰中條建築事務所に勤務し、一ツ橋如水会館などの設計に携わりました。その後、1921年にパリのエコール・デ・ボザール（フランス国立美術大学建築科）に学び、フランス政府公認建築士の称号を受けられました。24年に帰国すると、新設の横浜高等工業高校（現横浜国立大学）建築科の主任教授に就任。その指導は厳しく、かつ温かいもので、本当の建築とは何かを問い続けるものでした。

　先生を慕って全国から集まる者も多く、要望に応えて私設の中村塾を開設、こちらでも後進の指導にあたられました。横浜高等工業高校を46年に退任されるまで、教育者として多くの俊才を輩出。大泉博一郎氏、網戸武夫氏、吉原慎一郎氏、成沢福松氏など、先生を真の師と仰ぐ建築

家の数は計り知れません。また、東京の都市計画や豪華客船の室内装飾の第一人者としても活躍され、わが国のインテリアデザイン界の先駆者でもありました。ことほどさように偉大なる建築家でいらっしゃいましたが、私にとっては、やさしくて品格のある、なんでも教えてくださる"お師匠さま"でした。

　私と中村先生の出会いは、不思議な縁で結ばれています。前述したように、ICSは網戸武夫氏が設計し、網戸氏の事務所もあった市ヶ谷の染色会館の一部を借りてスタートしました。愛弟子である網戸氏のもとを中村先生が訪れた折りにご紹介いただいたのが始まりで、以来、網戸氏の事務所に来られるたびに、ICSにも顔を出してくださるようになりました。そしていつの間にか、私のところに直接いらっしゃるようになりました。

　中村先生がなぜICSにそれほど強い関心を寄せられたのか、紹介者である網戸氏も不思議に思っていたようですが、理由は、デザイン教育に強い情熱をもたれていた先生の、教育者としての心が再びよみがえったからにほかなりません。先生は「これからの女性が、建築やインテリアに関する教養を身につけることは望ましいことで、今後の住いの向上に必要不可欠のことである。女性が文化を飾り、男性は文明を切り開く」と、力説していらっしゃいました。それを実現しつつあるICSに興味をそそられたのでしょう。同時に、孫のような年頃の私（当時先生は70代後半、私は30代前半）が孤軍奮闘している姿に、温かい眼差しを向けてくださったのだと思います。

　実際、ICSの特別講義も快くお引き受けいただきました。「巴里の散歩」、「建築を語る」などのテーマで語られた滋味あふれる清談に、学生たちは魅了されました。これらの講義は、先生にとっては気楽なものだったはずです。ところが先生は、その準備に全身を打ち込まれた。ICSに通われて、自分用のノートを作り、フィルムを揃え……。その姿に、今なお衰えぬ教育への情熱をかいま見て、私は涙が出る思いでした。

　中村先生から私は、有形無形のたくさんのものをいただきました。晩年の最後の十数年、親しく教えを請うた私は、先生の最後の弟子であり、唯一の女性の弟子であったことを、誇りに思います。

自由な創作環境のために守り続けた教育の自由

　かつて、公団住宅に入居したことがきっかけで、インテリアデザインの学校を作ろうと思い立ってから、半世紀以上が過ぎました。その間、ICSは順調に成長し、学校法人の認可を受けたときには、大学設置を勧められたこともありました。しかし、私はあくまでも専門学校にこだわりました。それは、文部省の単位制教育システムでは、感性教育は不可能だからです。デザインを学ぶ者にとって、自由が保証されない創作活動など、面白いはずがありません。私は、助成金（税金）よりも、教育の自由を優先したわけですが、そのおかげで、英国の大学と学位提携することができました。

　ICS創設時の標語は、「人、もの、空間の調和を目指して」でした。それは、空間デザインを専門に学ぶ以上は、家具、小物など生活に関係する道具すべてを自らデザインできるべきだ、というメッセージでした。幸い、卒業生の多くは、目の前にある素材を使って、食器から置物にいたるまで、何でも創ることができます。「ものを創る」にあたっては、感性さえ磨いておけば、どんな課題にも取り組みことができるのです。それは、いつの時代も変わらぬ真理だと私は信じています。

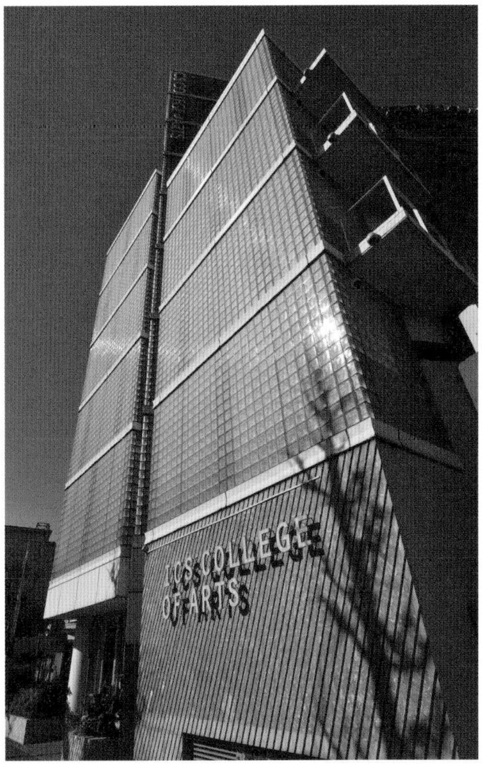
ICS COLLEGE
OF ARTS

〈原稿出典元一覧〉

第1章
勝見　勝●「インテリア」(1963年10月号)
豊口克平●「ICS 20年史」
内田　繁●『インテリアと日本人』(2000年3月／晶文社)

第2章
竹山　実●「年鑑 現代日本のインテリアデザイン」
　　　　　(1984年／講談社)
倉俣史朗●ラディカルデザインの旗手、倉俣史朗
　　　　　「品性を失わせるスピードという魔物」
　　　　　(1988年1月号／日経デザイン)
安藤忠雄●『仕事をつくる』「私の履歴書」
　　　　　(2012年3月／日本経済新聞出版社)
田中一光●田中一光自伝『われらデザインの時代』
　　　　　Ⅳ、六「本とデザイン」
　　　　　(2001年3月／白水社)
杉本貴志●『無為のデザイン』(2011年3月／TOTO出版)
石井幹子●『逆境の変換力』
　　　　　(2012年8月／KKベストセラーズ)
日野栄一●技術シリーズ『デザイン』「デザインとは」内
　　　　　[4.デザインの分野] [5.社会とデザイン]
　　　　　(1981年／朝倉書店)
川上元美●『川上元美 ひとと技術をつなぐデザイン』
　　　　　(2002年／アムズ・アーツ・プレス)
伊東豊雄●『透層する建築』
　　　　　「大学のデザイン教育を憂慮する」
　　　　　(2000年10月／青土社)

第3章
隈　研吾●『負ける建築』(2004年3月／岩波書店)
日比野克彦●『ひ─ESSAY OF KATSUHIKO HIBINO』
　　　　　「美を感ずる心」(1999年1月／淡交社)
　　　　　※初出は『造形ジャーナル』
　　　　　(1996年4月号／開龍堂出版)
松本哲夫●「新建築」
　　　　　連載エッセイ「戦後デザイン事始」4
　　　　　(2010年11月号／新建築社)
妹島和世●「Cultivate No.40」
　　　　　(2013年2月／文化環境研究所)
樋口　清●『ライト、アールトへの旅』
　　　　　(1997年11月／建築資料研究社)
川上玲子●太陽レクチャー・ブック 003
　　　　　『北欧インテリア・デザイン』
　　　　　「インテリアは人生の一部」
　　　　　(2004年9月／平凡社)
近藤康夫●『AB DESIGN ─ YASUO KONDO』
　　　　　(2003年8月／六耀社)

〈参考資料〉
● 「意匠制度120年史年表」
● 「産業財産権制度 関連年表」(ともに特許庁)

インテリアデザインの半世紀

戦後日本のインテリアデザインは
いかに生まれどう発展したのか？

『インテリアデザインの半世紀』

発行日	2014年3月17日
制作企画	小海　豊
監　修	遠藤　現
編集制作	専門学校ICSカレッジオブアーツ校友会 50周年記念出版編集委員会
編集協力	川床　優 倉西幹雄 鈴木紀慶（資料収集）
デザイン	株式会社 セオ
発行人	藤井一比古
発行所	株式会社 六耀社 〒160-0022 東京都新宿区新宿2-19-12 静岡銀行ビル5F TEL 03-3354-4020　FAX 03-3352-3106 振替 00120-5-58856 http://www.rikuyosha.co.jp
印刷・製本	シナノ書籍印刷 株式会社

©2014 SCHOOLFELLOW ASSOCIATION OF ICS COLLEGE OF ARTS
©2014 Rikuyosha.Co.,Ltd.
Printed in Japan
ISBN 978-4-89737-764-3
無断転載・複写を禁じます。